Brigitte Theler

Astrologische Berufs-Fibel

Brigitte Theler

Astrologische
Berufs-Fibel

Edition Astrodata

Originalausgabe

Korrektorat: Carmen Scheifele
Druck: Kessler Verlagsdruckerei, D-Bobingen

Bilder: Astrodata: *S. 9 (nach J. Tinguely), 62, 99, 104.*
Image Bank: *S. 15, 17, 19, 21, 23, 25, 27, 29, 31, 33, 35, 37, 51, 55, 59, 69, 76.* **Umschlag:** Edition Astrodata

ISBN 3-907029-64-X

Inhalt

Vorwort

Schon als Kind haben uns die Erwachsenen immer wieder gefragt, was wir denn einmal werden wollen, und uns damit, wenn auch unbewusst und ohne böse Absicht, vermittelt, dass wir noch nichts seien. Und da niemand nichts sein will, machen wir uns früher oder später alle auf, etwas zu werden. Manchmal dauert die Suche etwas länger und nähert sich über verschlungene Pfade und durch viele Zufälle allmählich dem Ziel. Bei einigen geht es dagegen erstaunlich schnell. Doch selbst wenn wir anscheinend angekommen sind und einen Beruf gefunden haben, stellt sich für viele immer wieder die Frage, ob es denn wirklich der richtige Platz ist oder ob es nicht andere, noch bessere Möglichkeiten gibt, sich beruflich zu verwirklichen. Wir tun uns nun mal schwer mit Endgültigkeiten, und so erfreulich es auch ist, dass wir nicht auf ein einziges Arbeitsgebiet beschränkt sind, so verwirrend kann die Entscheidungsfreiheit sein, die sich daraus ergibt.

Gerade in solchen Situationen erweist sich die Astrologie als eine wertvolle Hilfe, um die individuellen Fähigkeiten zu erkennen und herauszufinden, in welchem beruflichen Umfeld sie am besten eingesetzt werden können. Zudem zeigt das Horoskop, ob der Lebenssinn in erster Linie in der beruflichen Entfaltung zu finden ist oder ob ein Mensch mit der Arbeit einfach nur seinen Lebensunterhalt verdient und seine persönliche Erfüllung in anderen Bereichen, wie zum Beispiel in der Partnerschaft, der Familie, in der Beschäftigung mit Schöngeistigem oder der Suche nach spiritueller Erfahrung findet.

Diese Berufsfibel dient sowohl zur Orientierung als auch zur Standortbestimmung. Sie soll auf einfache, verständliche Art helfen, die eigenen Interessen und Talente besser zu erkennen und mögliche Berufsziele klarer zu sehen. Wenn dieses Buch der einen oder dem andern einen wichtigen Hinweis gibt, wie Beruf zur Berufung werden kann, freue ich mich sehr darüber!

Zürich, im Mai 1999
Brigitte Theler

Beruf und Berufung im Horoskop

Selbstverwirklichung zu Beginn des neuen Jahrtausends

Das Privileg des westlichen Menschen, seinen Beruf frei wählen zu können, ist erst in jüngster Zeit zur Selbstverständlichkeit geworden. Auch die Tatsache, dass immer mehr Menschen im Laufe ihres Lebens mehrere Ausbildungen absolvieren und in der Folge ihren Beruf wechseln, bildete bis zur Mitte des 20. Jahrhunderts eher die Ausnahme. War für die Generation unserer Eltern eine Berufsausbildung für Frauen noch selten, steht inzwischen das Recht auf Beruf und Bildung – zumindest in den Industrieländern – beiden Geschlechtern gleichermassen zu. Gerade im Westen bezieht heute ein Grossteil der Menschen das Selbstwertgefühl immer stärker aus der Arbeitsleistung, dem beruflichen Erfolg und dem damit verbundenen gesellschaftlichen Status. Zudem versuchen viele, aus der Tätigkeit, mit der sie ohnehin die meiste Zeit des Tages verbringen, auch den Lebenssinn zu gewinnen.

Das war früher anders: Den Sinn stiftete der Glaube, die Arbeit sorgte nur für das tägliche Brot. Da den meisten der Glaube aber längst abhanden gekommen und der Beruf nur in wenigen Fällen auch sinnstiftend ist, führt der Frust bezüglich monotoner und unkreativer Arbeitsabläufe und die Sehnsucht nach der individuellen Lebensaufgabe immer häufiger zu Berufswechseln, Karriereknicks und Aussteigerphantasien.

Ständig sich wandelnde berufliche Anforderungsprofile, eine sich rasant entwickelnde Technologie und die zunehmende Notwendigkeit immer weiterer Spezialisierungen verlangen vom heutigen Menschen viel Flexibilität und Einfallsreichtum. Am Übergang vom industriellen Zeitalter zur total vernetzten Kommunikationsgesellschaft stehen wir plötzlich völlig neuen Aufgaben gegenüber. Angesichts der zunehmenden Globalisierung und der damit verbundenen Fusionen, Arbeitsplatzverlagerungen und Rationalisierungsmassnahmen muss auf dem Arbeitsmarkt auch in Zukunft mit grossen Veränderungen gerechnet werden. Die hohen Arbeitslosenzahlen, denen mit den bisherigen Strategien von staatlicher Seite kaum mehr beizukommen ist, scheinen anzuzeigen, dass wir uns in einer Zeitenwende befinden, an der sich die bisherigen Arbeitsstrukturen als überholt erweisen. Dementsprechend wird man im beruflichen Bereich immer weniger traditionelle Ausbildungswege beschreiten oder herkömmliche Karriereleitern besteigen können. Die saturnisch geprägte Gesellschaftsordnung weicht auch hier dem wassermännischen Zeitgeist, der vom einzelnen zunehmend mehr Eigeninitiative und Selbstverantwortung fordert. Während der Arbeitsplatz für Festangestellte immer unsicherer wird und selbst Beamte nicht nur im Rahmen von Privatisierungen eingespart werden, steigt die Nachfrage nach Teilzeitbeschäftigten und Freiberuflern, die flexibel, unabhängig, aber teamfähig sind, kooperativ und innovativ arbeiten und sich laufend weiterbilden.

Selbstwertgefühl durch Arbeitsleistung

Zwischen gesellschaftlicher Notwendigkeit und persönlicher Erfüllung

Um so wichtiger wird es in Zukunft sein, die ganze Palette der beruflichen Eignungen, Talente und Fähigkeiten, aber auch die eigenen Grenzen zu erkennen, um sich vielseitig und frei zu verwirklichen und sich zugleich optimal auf den Arbeitsmarkt einzustellen. Natürlich geht das in den meisten Fällen nicht ohne Kompromisse, da es die wirtschaftliche Lage oder politische Entwicklungen kaum erlauben, jedem individuellen Bedürfnis gerecht zu werden.

Das persönliche Horoskop gibt Auskunft über Talente und Fähigkeiten, deren Verwirklichung im Beruf in aller Regel zu Erfüllung und Zufriedenheit führt. Doch eine Garantie gibt es dafür nicht. Es kann durchaus sein, dass sich jemand seiner persönlichen Anlagen oder der individuellen Lebensaufgabe lange Zeit nicht bewusst ist und das Schicksal ihn irgendwann unfreiwillig zur Berufung hinführt. Doch auch wenn man seine Aufgabe angenommen hat, heisst das nicht zwangsläufig, dass man darin, trotz Erfolg und gesellschaftlicher Anerkennung, auch sein persönliches Glück findet oder stets Freude erlebt. Aber die Gewissheit, auf dem richtigen Weg zu sein, gibt Kraft, auch schwierige Phasen zu meistern. Michelangelo, einer der berühmtesten Bildhauer, Maler und Baumeister der Renaissance, drückte die Notwendigkeit, seine Bestimmung, allen Widerständen zum Trotz, leben und annehmen zu müssen, in eindrücklicher Weise im folgenden Zitat aus:

In solcher Knechtschaft und so voll Verdruss,
mit falschem Plan, in dieser Seelennot,
ist Göttliches zu meisseln mir bestimmt!

Berufsbezogene Themen im Horoskop

Um ein umfassendes Bild der Berufsthematik zu erhalten, ist es sinnvoll, die verschiedenen berufsbezogenen Faktoren miteinander zu kombinieren. Die folgende Tabelle gibt Ihnen einen ersten kurzen Überblick über diejenigen Planeten und Häuser, die wichtige Hinweise auf persönliche Fähigkeiten und Talente, spezielle Interessensgebiete und bewusste oder unbewusste Zielsetzungen geben können. In den nachfolgenden Kapiteln werden die einzelnen Faktoren dann ausführlich beschrieben.

Berufsbezogene Themen im Horoskop	
Sonne	Selbstverwirklichung, Wesensnatur, persönliche Ziele
zweites Haus	Talente, Vermögen, Umgang mit Werten und die Art, wie man sein Geld verdient
sechstes Haus	Eingliederung in den Arbeitsprozess, Arbeitsmethodik, Arbeitsklima, Arbeitsumfeld
zehntes Haus	Beruf und Karriere, Ehrgeiz, Lebensziele, gesellschaftliche Position, Umgang mit Autoritäten
Merkur	Verstand, Lernverhalten, Interessensgebiete, Wendigkeit, Geschicklichkeit , Sprachgewandtheit, Auffassungsgabe, Geschäftssinn
Mars	Willenskraft, Engagement, Arbeitseinsatz, Motivation, Duchsetzungskraft, Konfliktbereitschaft
Saturn	Herausforderungen, Pflichtbewusstsein, Ehrgeiz, Verantwortungsbereitschaft, Konsequenz
Medium coeli	Entwicklungsaufgabe, Lebensskript, Berufung
Aszendent	Auftreten, Grundmotivation, Hauptanliegen
Mondknoten	Lebensaufgabe, Entwicklungspotential, Quintessenz

Schritt für Schritt

1. Das Sonnenzeichen beschreibt unsere Wesensnatur und steht in Zusammenhang mit unseren persönlichen Zielen. (S. 13*ff.*) Die Hausposition der Sonne zeigt den Lebensbereich, in dem es uns nach Selbstverwirklichung drängt. (S. 38*ff.*)

2. Planetenaspekte zur Sonne färben unseren Selbstausdruck und können sowohl einen unterstützenden als auch einen hemmenden Einfluss auf die Verwirklichung unserer persönlichen Ziele haben. (S. 44*ff.*)

3. Das zweite Haus zeigt unser Verhältnis zur materiellen Welt und den Umgang mit Werten. Planeten im zweiten Haus weisen auf persönliche Talente hin und veranschaulichen manchmal auch die konkrete Art des Gelderwerbs. (S. 50*ff.*)

4. Das sechste Haus zeigt das Arbeitsumfeld und die Bedingungen, mit denen wir uns im Berufsalltag konfrontiert sehen. Planeten im sechsten Haus beschreiben unsere Arbeitsweise, stehen aber auch für Erfahrungen im Umgang mit Kollegen. (S. 54*ff.*)

5. Das zehnte Haus ist das eigentliche Berufshaus. Planeten im zehnten Haus weisen uns den Weg zur beruflichen Verwirklichung und beschreiben die Fähigkeiten und Mittel, auf die wir setzen, um berufliche Ziele zu erreichen. (S. 58*ff.*)

6. Das Zeichen am MC beschreibt die Qualitäten, die im Laufe des Lebens immer wichtiger werden. (S. 86*ff.*) Wie einfach sich dieses Ziel erreichen lässt, hängt stark von der Ausgangslage, das heisst vom Aszendenten, ab. Aspekte zum MC können sich je nach ihrer Art unterstützend oder hemmend auf unsere berufliche Karriere und das öffentliche Ansehen auswirken. (S. 99*ff.*)

7. Die Merkur-Stellung beschreibt unsere Interessen (S. 69*ff.*), die Mars-Position die Art unserer Durchsetzung (S. 62*ff.*), und Saturn zeigt unsere Blockaden, zugleich aber auch den Weg zur Meisterschaft (S. 76*ff.*).

8. Die Position des aufsteigenden Mondknotens ist auch in Berufsfragen ein wichtiger Wegweiser. Gleich einer Quintessenz fasst er das gesamte Horoskop zusammen und zeigt uns auf einer tieferen Ebene die eigentliche Lebensaufgabe. (S. 104*ff.*)

Darüber hinaus können bei der Berufswahl auch Planeten eine Rolle spielen, die aus astrologischer Sicht eigentlich keine klassischen Berufsfaktoren beinhalten, auf Grund ihrer starken Position im Horoskop aber berufswirksam werden. Dies gilt insbesondere, wenn sie in nachstehenden Zusammenhängen auftauchen:

- Planeten an Hauptachsen
- Abgehängte Planeten
- Planeten am ab- oder am aufsteigenden Mondknoten
- Als Herrscher von Sonnenzeichen oder Aszendent

Sonne: Selbstverwirklichung

Die Sonne zeigt unsere grundsätzliche Lebensausrichtung, beschreibt unsere Antriebsquelle, unsere Grundmotivation und steht zudem für unsere Vitalität und Lebensfreude. Sie symbolisiert unsere Wesensnatur und damit die Art und Weise, wie wir unsere Anlagen am besten zum Ausdruck bringen können. Da wir unsere persönliche Verwirklichung in der Regel auch in der beruflichen Tätigkeit suchen, bekommt die Stellung der Sonne eine wichtige Bedeutung, wenn es darum geht, Fragen nach Beruf und Berufung aus dem Horoskop abzulesen. Ihre Zeichen- und Hausposition gibt Auskunft darüber, wofür unser Herz schlägt, welchen Leitbildern wir folgen und auf welche Weise und in welchem Bereich wir uns persönlich verwirklichen wollen. Die Aspekte mit anderen Planeten lassen zudem erkennen, wie wir in unserer Selbstverwirklichung unterstützt werden oder welche Hemmungen, Irritationen oder Zwänge wir dazu überwinden müssen. Grundsätzlich zeigt die Zeichenstellung der Sonne an, *was* verwirklicht werden will, während der Häuserstellung mehr das *Wo* zu entnehmen ist. Gewiss lassen sich diese Themen nicht immer haarscharf voneinander abgrenzen, denn natürlich gibt es eine Vielzahl von Gemeinsamkeiten und Überschneidungen zwischen den Zeichen und dem jeweils zugehörigen Haus (Widder = erstes Haus, Stier = zweites Haus usw.).

Die nachfolgende Aufzählung zeichentypischer Berufe sollte nicht allzu eng verstanden werden, sondern als eine thematische Zuordnung verschiedener Berufsbilder. Denn natürlich gibt das Horoskop nicht eindeutig Auskunft über den Beruf, zumal wir es bei den gängigen Berufsbildern häufig mit Klischeevorstellungen zu tun haben, wie etwa bei demjenigen des Arztes. Grundsätzlich kann sich jedes Sternzeichen für diesen Beruf entscheiden, es wird darin aber jeweils etwas anderes suchen (Freude am Helfen, Prestige usw.) und etwas anderes daraus machen (Kinderarzt, Homöopath, Schönheitschirurg usw.). Entscheidend sind aus astrologischer Sicht allein die Beweggründe, aus denen sich ein Mensch für einen bestimmten Beruf entscheidet. Sie lassen sich sehr wohl im Horoskop erkennen, können aber auch in Berufen verwirklicht werden, die nicht unbedingt dem jeweiligen Sonnenzeichen zugeordnet sind.

Sonne in Widder 21. März – 20. April

Mit einer Widder-Sonne verfügen Sie über einen starken Willen und eine schier unerschöpfliche Antriebsenergie. Sie streben in Ihrem Leben vor allem danach, Neuland zu erobern, wollen gegen Widerstände mutig ankämpfen und sich mit eigenen Leistungen profilieren. Von Natur aus sind Sie eher ein Sprinter als ein Langstreckenläufer. Ihre Stärke liegt klar im Anfang, und kurzfristig sind Sie zu Höchstleistungen fähig, doch was Sie nicht auf Anhieb schaffen, daran verlieren Sie oftmals schnell das Interesse. Doch gerade weil Sie auf Impulse von aussen blitzschnell reagieren, sind Sie zumeist eine Nasenlänge voraus, und wo andere erst Konzepte und Pläne erstellen, haben Sie schon erste Schritte gewagt. Auch im Berufsalltag suchen Sie immer wieder neue Herausforderungen. Sie lieben es, im Wettbewerb Ihre feurigen Kräfte zu messen, aber auch Ihren guten Biss unter Beweis zu stellen. Teamarbeit ist nicht so sehr Ihre Sache, da Sie sich ungern auf andere verlassen, sondern am liebsten selbst den Takt angeben. So gehen Sie beruflich Ihren Weg oftmals alleine oder bevorzugen Arbeitsprozesse, wo Sie möglichst autonom sind, grosse Handlungsfreiheit haben und weitestgehend unabhängig Entscheidungen treffen können. Solange man Ihnen genügend Eigenständigkeit lässt, zeigen Sie sich auch im Kollegenkreis oder als Geschäftspartner unkompliziert und umgänglich. Müssen Sie hingegen zuviel Rücksicht nehmen oder geht es nicht nach Ihrem Willen, können Sie schnell einmal ungeduldig werden oder gereizt reagieren. Dafür haben Sie eine fast unglaubliche Fähigkeit, Niederlagen wegzustecken, aufzustehen, weiterzumachen oder auch einfach ganz neu anzufangen.

Typische Berufsbereiche: Überall dort, wo Spontaneität und schnelles Handeln gefragt sind, neue Akzente gesetzt werden, körperlicher Einsatz, Mut und Risikofreude oder Pioniergeist verlangt werden, in Krisengebieten, bei Polizei und Feuerwehr, in Vertrieb und Technik, Industrie und Handwerk, in der Automobilbranche und überall dort, wo es im wahrsten Sinne des Wortes heiss zugeht.

Zum Beispiel als: Chirurg, Notarzt, Sanitäter, Politikerin, Manager, Unternehmerin, Rennfahrer, Bewegungstherapeutin, Sportlehrerin, Stuntman, Rocksängerin, Mechaniker, Metzger, Polizistin, Soldat

Berufsprofil für Widder-Geborene

Auftreten	erfrischend direkt, manchmal auch rücksichtslos
Arbeitsstil	dynamisch und kraftvoll
Ausdauer	kurzfristig zu Höchstleistungen fähig
Entscheidet sich	kurz entschlossen, aus einem spontanen Impuls heraus
Durchsetzung	offensiv, heftig und mitunter laut
Flexibilität	gross, solange es nicht gegen seinen Willen geht
Konfliktverhalten	angriffslustig und temperamentvoll
Motivierbar durch	spannende Herausforderungen oder Wettbewerbssituationen
Karrierestreben	will selbstverständlich vorne stehen
Zuverlässigkeit	wenn er will
Teamverhalten	ist eher zum Einzelkämpfer geboren
Innovationsfreude	reisst gerne neue Projekte an
Berufliche Stärke	Kämpfernatur, besonders stark bei Neuanfängen und in Aufbauphasen
Typisches Merkmal	oftmals fragmentarischer Berufsweg

Sonne in Stier 21. April – 20. Mai

♉ Mit einer Stier-Sonne entfalten Sie viel Beharrlichkeit und haben einen ausgeprägten Sinn für Werte. Sie schätzen im Leben vor allem Sicherheit und Genuss, und deshalb ist es Ihnen recht, wenn Sie einen soliden Beruf haben, der aber möglichst auch seine beschaulichen Seiten hat. Ihre Stärke liegt in Ihrer Belastbarkeit und Ihrem unbeirrbaren Durchhaltevermögen. Mit Geduld und Ausdauer können Sie sich einer Sache widmen, das Ihnen Anvertraute hegen und pflegen, und es freut Sie, wenn die Dinge unter Ihren Händen wachsen und gedeihen. Wo andere schon längst aufgeben oder das Interesse an einer Sache verlieren, da harren Sie solange aus, bis die Angelegenheit zu Ende gebracht ist und brauchbare, dauerhafte Ergebnisse sichtbar werden. Im Berufsalltag entsprechen Ihnen regelmässige Abläufe, vertraute Rituale und klare Aufgaben weit mehr, als wenn Sie sich ständig mit veränderten Arbeitsbedingungen und neuen Methoden auseinandersetzen müssen. Am liebsten sind Ihnen überschaubare, klar umrissene Arbeitsprozesse, bei denen Sie von Anfang bis Ende dabei sind. Alleine dadurch, dass Sie in aller Ruhe abwarten können, bis eine Sache reif ist, oder der richtige Zeitpunkt zum Handeln gekommen ist, erreichen Sie geschäftlich häufig mehr als andere. Allerdings kann Ihr Durchhaltewillen manchmal auch sture Züge aufweisen, mit dem Sie sich neuen Entwicklungen oder Veränderungen allzu lange widersetzen.

Typische Berufsbereiche: Überall dort, wo Aufgaben erledigt werden, die Sinn für Konkretes und solide Werte oder handwerkliches Geschick verlangen, wo immer es um Grund und Boden geht, in der Landwirtschaft, dem Immobiliensektor und in der Baubranche, im Banken-, Finanz- und Versicherungswesen, im Bereich der Körperpflege, der Ernährung und der Gastronomie, in der freien Natur und überall dort, wo Geschmackssicherheit verlangt wird oder Traditionen gehegt und gepflegt werden.

Zum Beispiel als: Floristin, Bauer, Gärtner, Masseur, Banker, Maurer, Schreiner, Immobilienmakler, Biologin, Körpertherapeutin, Juwelier, Goldschmiedin, Restaurator, Archäologin, Dekorateurin, Kunsthändler, Architektin, Köchin, Hotelier, Weinhändler, Bildhauerin

Berufsprofil für Stier-Geborene

Auftreten	gewichtig und gutmütig
Arbeitsstil	bedächtig, aber beharrlich
Ausdauer	sehr belastbar, bei hohem Durchhaltevermögen
Entscheidet sich	langsam, aber unumstimmbar
Durchsetzung	hartnäckig, nachhaltig und manchmal auch stur
Flexibilität	nicht ausgeprägt, braucht seine Zeit
Konfliktverhalten	mehr auf Verteidigung und weniger auf Angriff ausgerichtet
Motivierbar durch	handfeste Zusagen oder materielle Vorteile
Karrierestreben	natürlich, aber ohne Stress
Zuverlässigkeit	im eigenen Revier sehr gewissenhaft
Teamverhalten	liebt es, im vertrauten Kreis zu arbeiten
Innovationsfreude	vertraut lieber auf Altbewährtes
Berufliche Stärke	versteht es, in aller Ruhe gute Gelegenheiten abzuwarten
Typisches Merkmal	sehr sesshaft, bleibt häufig sein Leben lang am gleichen Arbeitsplatz

Sonne in Zwillinge 21. Mai – 21. Juni

Mit einer Zwillinge-Sonne verfügen Sie über viel Flexibilität und eine grosse Kommunikationsfreude. Es macht Ihnen Spass, Neues kennenzulernen und sich in vielfältigster Weise ein breites Wissen anzueignen. Ihre Stärke liegt in Ihrer grossen Aufgeschlossenheit, Ihrem regen Interesse, mit dem Sie sich stets auf dem Laufenden halten, und Ihrer gesunden Neugierde für alles, was in Ihrer Umgebung passiert. Dabei geht es Ihnen in erster Linie darum, eigene und fremde Denkprozesse anzuregen, und manchmal einfach nur darum, ein Gespräch in Gang zu halten. Sie verstehen es ebenso geschickt wie wortgewandt, Aussagen zu relativieren, Unterschiede zu betonen, Fakten zu hinterfragen und Meinungen zu differenzieren. Der sprachliche Ausdruck und der Kontakt mit anderen Menschen steht für Sie daher auch beruflich im Vordergrund. Dank Ihrer intellektuellen Anpassungsfähigkeit gelingt es Ihnen leicht, sich überall schnell einzuarbeiten, sich in neue Aufgabenbereiche einzudenken und die nötigen Kontakte zu knüpfen. Gerne tauschen Sie sich fachlich aus, zum einen, um Neuigkeiten zu erfahren, aber auch um eigenes Wissen und Know how weiterzugeben. Auch mit Stress und Hektik können Sie im Berufsalltag in aller Regel gut umgehen. Was Ihnen dagegen Mühe bereitet, sind Langeweile und immer gleiche, eintönige Arbeitsabläufe. Wo die Abwechslung fehlt, da halten Sie es mit Ihrem quirligen Temperament meist nicht lange aus, weshalb Sie schon mal öfters den Arbeitsplatz wechseln oder gleich mehreren Tätigkeiten gleichzeitig nachgehen. So kann Ihrem beruflichen Weg manchmal die Beständigkeit fehlen oder der rote Faden verlorengehen.

Typische Berufsbereiche: Überall dort, wo das Wort zu Hause ist, wo Sprachgewandtheit, schnelle Kombinatorik und neue Ideen gefragt sind, im Verlag oder in der Redaktion, bei Rundfunk und Fernsehen, sowie in beratenden Tätigkeiten, aber auch in der Welt des Handels und des Vertriebs, in allen Maklertätigkeiten und wo immer richtige Kontakte und Informationen wichtig sind, um gute Geschäfte zu machen.

Zum Beispiel als: Journalistin, Reporter, Lektorin, Buchhändler, Telefonistin, Grafiker, Dolmetscherin, Mathematikerin, Lehrerin, Kaufmann, Händler, Verkäuferin, Handelsvertreter, Taxifahrer, Briefträger, Sekretärin, Informatiker, Börsianer, Rechtsanwalt, Komödiantin

Berufsprofil für Zwillinge-Geborene

Auftreten	offen und kontaktfreudig
Arbeitsstil	geschickt und effizient, manchmal auch hektisch
Ausdauer	solange die Neugierde reicht
Entscheidet sich	schnell, aber oftmals nur vorläufig
Durchsetzung	versiert und clever, manchmal trickreich
Flexibilität	liegt in seiner Natur
Konfliktverhalten	taktisch geschickt, scharfzüngig und schlagfertig
Motivierbar durch	geistreiche Herausforderungen und raffinierte Konzepte
Karrierestreben	wenn es nicht zu lange dauert
Zuverlässigkeit	theoretisch vorhanden, praktisch meist auch
Teamverhalten	arbeitet ungern alleine, ist kollegial und unkompliziert
Innovationsfreude	ausgeprägter Sinn für geschickte Lösungen und clevere Konzepte
Berufliche Stärke	immer bestens informiert
Typisches Merkmal	Allrounder, arbeitet häufig an mehreren Orten oder Projekten gleichzeitig

Sonne in Krebs 22. Juni – 22. Juli

♋ Mit einer Krebs-Sonne verfügen Sie über ein feines Einfühlungsvermögen, seelischen Tiefgang und viel Phantasie. Sie haben ein gutes Gespür für die Dinge und lassen sich vor allem von Ihren Gefühlen leiten. Emotionale Geborgenheit hat in Ihrem Leben stets einen hohen Stellenwert. Deshalb bewegen Sie sich im Beruf am liebsten in einem vertrauten Umfeld und suchen auch dort nach einer «seelischen Heimat». Sie kümmern sich gerne und gewissenhaft um Aufgaben, die viel Mitgefühl und eine gute Intuition verlangen. Dabei treffen Sie Entscheidungen instinktsicher, und wenn anderen Ihre Vorgehensweise verschlungen erscheint, beweisen Sie ihnen, dass der stimmigste Weg nicht immer der gradlinigste ist. Ihre Arbeit erledigen Sie mit viel Herzenswärme und persönlichem Engagement. Deshalb vertrauen sich Schwächere, vor allem Kinder, aber auch Kranke, gerne Ihrer liebevollen Fürsorge an. Es gehört zu Ihren Stärken, geduldig zuzuhören, Anteil zu nehmen, Stimmungen einzufangen oder entstehen zu lassen und innerhalb Ihres Wirkungskreises ein Gemeinschaftsgefühl herzustellen. Im Kollegenkreis kommt Ihnen dadurch nicht selten die Rolle zu, sich um das Wohl der anderen zu kümmern. Dabei kann es schon mal vorkommen, dass Sie jemanden zu sehr unter Ihre Fittiche nehmen oder gar bemuttern. Doch selbst wenn Sie in Ihrem Berufsalltag ein geschütztes und vertrautes Umfeld schätzen, drängt Sie Ihr Ehrgeiz auch immer wieder hinaus ins «harte» Leben, manchmal bis in die höchsten Führungspositionen.

Typische Berufsbereiche: Überall dort, wo Mitgefühl, Fürsorge und Einfühlungsvermögen gebraucht werden, in der Seelsorge, im erzieherischen Bereich, in allen Heil- und Pflegeberufen, im Heim- und Personalwesen, aber auch in der Gastronomie und in der Hotelbranche, und in allen heimatbezogenen Aufgaben, wie der Geschichtsforschung oder der Denkmalpflege, in der Volkskunde und nicht zuletzt im Bereich künstlerischer Inspiration, wie beim Film, im Theater, in der Malerei und bei Musik und Tanz.

Zum Beispiel als: Kindergärtnerin, Heimleiter, Familientherapeutin, Köchin, Bäcker, Kellner, Innenarchitekt, Hauswart, Hebamme, Vormund, Historikerin, Ärztin, Psychologe, Personalchefin, Musiker, Dichter

Berufsprofil für Krebs-Geborene

Auftreten	hilfsbereit, mitunter schüchtern
Arbeitsstil	in kreativen Wellen
Ausdauer	hoch, solange das emotionale Umfeld stimmt
Entscheidet sich	nicht immer eindeutig, aber sehr instinktsicher
Durchsetzung	indirekt, scheinbar inkonsequent, aber ausdauernd und zäh
Flexibilität	wenn Veränderungen emotional begrüsst werden
Konfliktverhalten	ausweichend, aber empfindsam und nachtragend
Motivierbar durch	das Gefühl, gebraucht zu werden
Karrierestreben	sehr ehrgeizig, wenn auch nicht sofort ersichtlich
Zuverlässigkeit	gegenüber Schutzbedürftigen sehr verantwortungsbewusst
Teamverhalten	innerhalb des beruflichen «Clans» ausgesprochen herzlich
Innovationsfreude	verhalten, obwohl es nicht an Phantasie mangelt
Berufliche Stärke	kann andere seelisch aufbauen
Typisches Merkmal	richtet sich am Arbeitsplatz gerne wohnlich ein

Sonne in Löwe

23. Juli – 23. August

♌ Mit einer Löwe-Sonne haben Sie ein gesundes Selbstbewusstsein und verfügen über viel Mut und Schaffenskraft. Sie streben im Leben nach grösstmöglicher Selbstentfaltung und wissen nicht nur genau, was Sie wollen, sondern auch, wie Sie es bekommen. Ihre Stärke liegt in Ihrem souveränen Auftreten und Ihrer gewinnenden Art, mit der Sie auch andere an Ihrer Lebensfreude teilhaben lassen. Zudem bewegen Sie sich gern in der Welt von Glamour und Luxus und verstehen es auch im Berufsalltag bestens, Grosses zu gestalten oder zu organisieren. Dank Ihrer starken Ausstrahlung fällt es Ihnen leicht, das Vertrauen anderer zu gewinnen, Begeisterung zu wecken oder Menschen zu motivieren. Weil Sie sich mit Ihrer natürlichen Autorität sicher auf dem gesellschaftlichen Parkett bewegen, sind Sie für repräsentative Aufgaben ebenso qualifiziert wie für Führungspositionen. Sie sind es gewohnt, den Ton anzugeben, und solange Sie mit Ihrem grossen Herz bei der Sache sind, ist Ihnen der Erfolg ebenso sicher wie die Anerkennung im Kollegenkreis und bei Vorgesetzten. Wahrscheinlich machen Sie sich im Laufe Ihrer beruflichen Karriere früher oder später ohnehin selbständig, denn Sie verfügen über genügend Kreativität und Selbstvertrauen, um sich auch im beruflichen Alleingang erfolgreich zu behaupten. Zudem verleiht Ihnen Ihr Optimismus eine Souveränität, der man nur schwer etwas entgegenhalten kann. Wo anderen der Mut fehlt, macht es Ihnen Spass, sich selbst und Ihr Können zu zeigen, im Rampenlicht zu stehen und die Blicke auf sich zu ziehen. Ein bisschen Show gehört für Sie immer dazu, und nur wenn Ihre Auftritte der reinen Selbstdarstellung dienen, können Sie schon mal peinlich wirken.

Typische Berufsbereiche: Überall dort, wo selbstbewusstes Auftreten oder Organisationstalent verlangt werden, in der Freizeit- und Unterhaltungsbranche, bei Sport und Spiel, in kreativen und künstlerischen Berufen, beim Film, im Theater und auf anderen Bühnen, im Umgang mit Luxusartikeln, im Management, in Führungspositionen oder bei Repräsentationsaufgaben.

Zum Beispiel als: Dirigent, Artist, Model, Showmaster, Operndiva, Schauspielerin, Sänger, Unternehmerin, Chefarzt, Juwelier, Regisseurin, Politikerin, Manager, Coach, Offizier, Primaballerina, Tennisprofi

Berufsprofil für Löwe-Geborene

Auftreten	selbstbewusst und beherzt
Arbeitsstil	schwungvoll und kreativ
Ausdauer	solange Aussicht auf Erfolg besteht
Entscheidet sich	souverän und kompetent
Durchsetzung	selbstsicher und mit grosser Geste
Flexibilität	solange ihn niemand dazu zwingt
Konfliktverhalten	siegessicher, dominant und herablassend
Motivierbar durch	Anerkennung, Lob oder Prestigegewinn
Karrierestreben	schon in die Wiege gelegt
Zuverlässigkeit	selbstverständlich für Grosses, weniger fürs Detail
Teamverhalten	grosszügig und fair, solange er das Sagen hat
Innovationsfreude	gross, möchte stets ganz vorne dabeisein
Berufliche Stärke	eignet sich für Repräsentations- und Führungsaufgaben
Typisches Merkmal	bewegt sich vorzugsweise auf Chefetagen oder steht im Rampenlicht

Sonne in Jungfrau 24. August – 23. September

♍ Mit einer Jungfrau-Sonne verfügen Sie über analytische Fähigkeiten und einen so ausgeprägten Ordnungssinn, dass Sie sofort erkennen, was brauchbar oder nutzlos, zweckmässig oder unpraktisch, gesund oder ungesund ist. Sie streben im Leben vor allem danach, sich im Alltäglichen zu bewähren, sich nützlich zu machen und sich dadurch gesellschaftlich einzugliedern. Ihre Stärke liegt denn auch in der Fähigkeit, mit geringem Aufwand grösstmöglichen Nutzen zu erzielen. Mit Ihrem Blick fürs Detail gelingt es Ihnen leicht, Fehler in Systemen und Abläufen aufzuspüren, und wenn es darum geht, sich einer Aufgabe mit Fleiss und Ausdauer zu widmen, kennt Ihr Arbeitseinsatz kaum Grenzen. Dabei meiden Sie schnelle Ergebnisse, Kraftakte oder Scheinlösungen, weshalb Sie schon mal als zu harmlos oder gar langweilig eingeschätzt werden. Doch Sie vertrauen Ihrer Vernunft und setzen darauf, dass Sie Ihre Lorbeeren zur richtigen Zeit schon noch ernten werden. Wenn es am Arbeitsplatz Probleme zu lösen gilt, drücken Sie sich selten vor der Verantwortung. Sie wissen genau, was man von Ihnen erwartet und was zu Ihrem Aufgabenbereich gehört, kennen aber auch Ihre Kompetenzen und lassen sich daher in Ihrem Wirkungsbereich nicht gern Vorschriften machen. Ihr grosses Pflichtbewusstsein und Ihr Perfektionsdrang mögen auf Ihre Umgebung zwar oftmals etwas übertrieben wirken, und manch einer fürchtet sich vor Ihrer treffsicheren Kritik. Dafür schätzt man Ihre gründliche Arbeit, und jeder weiss, dass man sich auch in schwierigen Situationen voll und ganz auf Sie verlassen kann.

Typische Berufsbereiche: Überall dort, wo es ums Detail geht, wo praktisches Denken oder Sachverständnis gefragt sind, wie in der Buchhaltung, in Verwaltungen und auf Behörden, im Steuerwesen und auf dem Finanzamt, im Einzelhandel und Dienstleistungssektor, aber auch dort, wo kritisch geprüft und analytisch geforscht wird, wie bei Revisionsarbeiten, in der Naturwissenschaft oder der Datenverarbeitung sowie im Bereich von Gesundheit und Ernährung.

Zum Beispiel als: Archivar, Buchhalter, Sekretärin, Lektorin, Pädagogin, Steuerberater, Wirtschaftsprüfer, Feinmechaniker, Ingenieur, Biologin, Haushälterin, Tierpfleger, Heilpraktikerin, Yogalehrerin, Restaurator, Ökonom, Agronom

Berufsprofil für Jungfrau-Geborene

Auftreten	bescheiden, manchmal trocken, gewinnt auf den zweiten Blick
Arbeitsstil	fleissig, präzise und gründlich
Ausdauer	solange es Zweck hat
Entscheidet sich	wohlüberlegt und nüchtern
Durchsetzung	wendig, systematisch und dauerhaft
Flexibilität	gross, sofern die Notwendigkeit erkannt wird
Konfliktverhalten	bleibt sachlich, aber kritisiert scharf
Motivierbar durch	klar umrissene, praktische, durchaus knifflige Aufgaben
Karrierestreben	selbstverständlich, aber lieber in der zweiten Reihe
Zuverlässigkeit	ausgeprägt, manchmal fast zwanghaft
Teamverhalten	verhält sich fair, zeigt sich kooperativ und macht sich gerne nützlich
Innovationsfreude	sofern sich das Neue als praktisch erweist
Berufliche Stärke	behält stets den Überblick und hat ein scharfes Auge fürs Detail
Typisches Merkmal	pflegt auch beruflich häufig das Understatement

Sonne in Waage 24. September – 23. Oktober

♎ Mit einer Waage-Sonne ist es Ihnen ein grosses Anliegen, Schönheit, Harmonie und Frieden in die Welt zu tragen. Ihre Stärke liegt in Ihrer feinen Wahrnehmung, die Ihnen einen ausgeprägten Sinn für Formen und Farben, aber auch diplomatisches Geschick und ein untrügliches Gefühl für das richtige Mass vermittelt. Sie tun sich beruflich gern mit anderen Menschen zusammen, knüpfen leicht Kontakte, ohne dabei aufdringlich zu wirken, und verstehen es gekonnt, mit Stil und Charme, andere für sich oder für Ihre Sache zu gewinnen. Mit Ihrer umgänglichen Art und Ihrer offenen Grundhaltung sind Sie in jedem Team gerne gesehen und eignen sich auch besonders für beratende oder vermittelnde Tätigkeiten. Auch Aufgaben, bei denen Geschmackssicherheit verlangt ist, bei denen Unebenheiten oder Ungerechtigkeiten ausgeglichen werden müssen oder wo es gilt, Schönes zu kreieren, sind für Sie wie geschaffen. Bei alledem stellen Sie Ihre eigene Person nicht in den Vordergrund, sondern gehen sehr auf die Interessen Ihres Gegenübers ein. Das macht die Zusammenarbeit mit Ihnen äusserst angenehm, auch wenn Sie ob soviel Aufmerksamkeit für andere manchmal etwas zuwenig eigene Konturen zeigen. Gelegentlich sagt man Ihnen gar Entscheidungsschwäche nach, übersieht dabei aber, dass Sie sich einfach nur mehr Zeit als andere nehmen, um zu einer Lösung zu finden, die möglichst allen Interessen gerecht wird. Sie haben aber auch ein grosses Freiheitsbedürfnis, wodurch Sie nebst allem rücksichtsvollen und fairen Verhalten immer auch darauf bedacht sind, genügend Distanz zu wahren, um sich nicht zu sehr vereinnahmen zu lassen.

Typische Berufsbereiche: Überall dort, wo die Ästhetik zu Hause ist, in der Mode- und Schönheitsbranche, im Kulturwesen, in Werbung und Grafik, in Architektur und Kunstgewerbe, in der Freizeit- und Unterhaltungsbranche, aber auch in beratenden und vermittelnden Tätigkeiten, wie im Rechtswesen oder der Diplomatie, sowie in allen Bereichen, wo es um den guten Ton, die angemessene Form oder das rechte Mass geht.

Zum Beispiel als: Designer, Model, Visagist, Friseur, Kosmetikerin, Floristin, Galeristin, Kunsthistoriker, Grafikerin, Diplomat, Friedensrichter, Notarin, Schiedsrichter, Stewardess, Tänzerin, Moderatorin, Akquisiteur

Berufsprofil für Waage-Geborene

Auftreten	gepflegt, locker und freundlich
Arbeitsstil	geschickt und beschwingt
Ausdauer	vielleicht, je nach dem
Entscheidet sich	ungern, zögerlich und vorläufig
Durchsetzung	charmant, elegant und diplomatisch
Flexibilität	passt sich gerne und problemlos an
Konfliktverhalten	vermeidend, ansonsten stilvoll und fair
Motivierbar durch	ästhetische Impulse und Komplimente
Karrierestreben	solange man dabei nicht in Konkurrenz treten muss
Zuverlässigkeit	möchte es gern allen recht machen
Teamverhalten	liebt die Zusammenarbeit, sehr kompromissbereit
Innovationsfreude	gross, wenn es darum geht, etwas zu verschönern oder zu harmonisieren
Berufliche Stärke	grosses Akquisitionstalent
Typisches Merkmal	nimmt gerne Vermittler- oder Schlichterpositionen ein

Sonne in Skorpion 24. Oktober – 22. November

♏ Mit einer Skorpion-Sonne lieben Sie die Herausforderung und alles Extreme. Sie interessieren sich daher weder für Vordergründiges, noch geben Sie sich mit Halbheiten zufrieden. Vielmehr streben Sie nach Tiefgang und suchen nach Erkenntnissen oder Schätzen, die schwer erreichbar sind, noch im dunkeln liegen oder einfach bislang verkannt wurden. Ihre Stärke liegt in Ihrer Unerschrockenheit und einem leidenschaftlichen Engagement gerade für schwierige Aufgaben. Weil Sie das Risiko lieben, suchen Sie auch im Berufsalltag stets nach intensiven Erfahrungen, und Ihre Haltung hat oftmals etwas Kompromissloses. Immer wieder gehen Sie bis an die Grenzen Ihrer Belastbarkeit und oftmals auch darüber hinaus. Zwar drängen Sie sich nicht ins Rampenlicht, haben im Hintergrund die Fäden aber dennoch gerne selbst in der Hand, und wer sich Ihren Plänen in den Weg stellt, bekommt Ihren Machtanspruch unmissverständlich zu spüren. Dann stellen Sie Ihren gefürchteten Stachel und decken mit sicherem Instinkt und einem untrüglichen Blick für Verborgenes sofort die Schwachstellen Ihres Gegenübers auf. Mit diesen Fähigkeiten können Sie in Ihrem Arbeitsumfeld zwar Wertvolles leisten und grossen Einfluss erlangen, müssen aber damit rechnen, sich bei Mitarbeitern oder Vorgesetzten gelegentlich unbeliebt zu machen. Denn Ihr engagiertes Wesen und Ihre bisweilen recht extreme Haltung wirken auf Ihre Umgebung zwar äusserst faszinierend, manchmal aber auch bedrohlich oder gar gnadenlos.

Typische Berufsbereiche: Überall dort, wo Kontrolle und Macht ausgeübt wird, wo es um Geheimes, Hintergründiges, Abgründiges, Tabus und Grenzerfahrungen geht, wie in der Politik, in der Tiefenpsychologie, in der Atomindustrie, in der medizinischen Forschung, in der Chirurgie, im Bestattungswesen, im Strafvollzug, im Konkurswesen, in der Kriminalistik, im Rotlichtbezirk, bei der Abfallbeseitigung sowie im Steuer- und Finanzwesen.

Zum Beispiel als: Psychotherapeutin, Heiler, Gynäkologe, Chirurg, Pathologe, Röntgenassistentin, Detektiv, Physikerin, Bestatter, Domina, Konkursverwalter, Nachtwächter, Steuerfahnder, Revisorin, Recycling-Ingenieur, Höhlenforscher

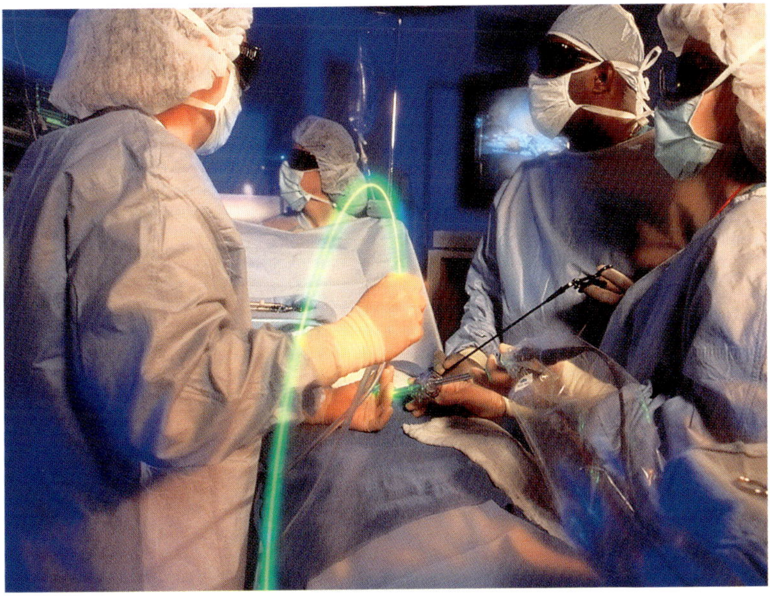

Berufsprofil für Skorpion-Geborene

Auftreten	faszinierend und undurchsichtig
Arbeitsstil	engagiert und risikofreudig
Ausdauer	bis zur Erschöpfung und darüber hinaus
Entscheidet sich	verbindlich und oftmals extrem
Durchsetzung	subtil, aber kompromisslos
Flexibilität	eher gering
Konfliktverhalten	treffsicher, verletzend, manchmal auch destruktiv
Motivierbar durch	Geheimes oder die Aussicht auf Macht und Einfluss
Karrierestreben	strebt nach der einflussreichen Position im Hintergrund
Zuverlässigkeit	entweder ganz oder gar nicht
Teamverhalten	sucht die eingeschworene Gemeinschaft
Innovationsfreude	verhalten, es sei denn, er wittert ein gutes Geschäft
Berufliche Stärke	spürt instinktsicher und gnadenlos Schwachstellen im System auf
Typisches Merkmal	hat häufig beruflich Schlüsselpositionen inne

Sonne in Schütze 23. November – 22. Dezember

♐ Mit einer Schütze-Sonne verfügen Sie über viel Optimismus und eine starke Vorstellungskraft. Sie streben im Leben immer wieder zu neuen Horizonten und suchen nach Erfahrungen, die Ihr Bewusstsein erweitern und Ihnen Sinn vermitteln. Ihre Stärke liegt vor allem in Ihrer Weitsicht und einem guten Riecher für erfolgversprechende Projekte. Gerne entwerfen Sie grosse Pläne und entwickeln hoffnungsvolle Zukunftsperspektiven, und wo andere sich schnell einmal im Detail verlieren, haben Sie stets den Überblick und behalten das eigentliche Ziel klar im Auge. Sie glauben an Ihre Visionen, und dank Ihrer grossen Überzeugungskraft gelingt es Ihnen auch im beruflichen Bereich leichterhand, andere für Ihre Vorhaben zu motivieren. Solange man Ihnen und Ihrer Arbeit Wertschätzung und Vertrauen entgegenbringt, verhalten Sie sich kollegial, fair und grosszügig; misstraut man Ihren Fähigkeiten oder bezweifelt gar Ihre guten Absichten, entrüsten Sie sich schnell und nehmen das sehr übel. Sie lieben die Grosszügigkeit, schöpfen gern aus dem Vollen und lassen sich nur ungern einschränken. Deshalb setzen Sie sich auch im beruflichen Alltag mit jovialer Geste souverän über einschränkende Grenzen und Normen hinweg, und auf dem Weg nach oben erweisen sich Ihr optimistisches Wesen und eine gute Portion Gottvertrauen immer wieder als hilfreich. Bei all den Höhenflügen müssen Sie natürlich aufpassen, dass Sie nicht das rechte Mass verlieren oder mit Ihren idealistischen Plänen allzu hoch hinaus wollen oder über das machbare Ziel hinausschiessen.

Typische Berufsbereiche: Überall dort, wo Grenzen überschritten werden, in der Tourismusbranche, bei Import- und Exportgeschäften, an internationalen Finanz- und Börsenplätzen, aber auch in der Völkerkunde und der Entwicklungshilfe sowie in allen Bereichen, in denen Überzeugungsarbeit geleistet werden muss oder Vorbilder gefragt sind, wie im Bildungs- und Erziehungswesen, in Politik und Diplomatie, am Gericht, in religiösen oder philosophischen Gemeinschaften, im gesamten Fremdsprachenbereich und im Kultursektor.

Zum Beispiel als: Reiseleiterin, Spediteur, Theologe, Ethnologin, Juristin, Börsianer, Auslandkorrespondent, Übersetzer, Dolmetscherin, Werber, Professorin, Schauspielerin, Hochbauzeichner, Organistin, Chorleiter, Reitlehrer

Berufsprofil für Schütze-Geborene

Auftreten	optimistisch und weltmännisch
Arbeitsstil	eifrig und dynamisch
Ausdauer	solange es sinnvoll ist
Entscheidet sich	weitsichtig oder aus spontaner Überzeugung
Durchsetzung	enthusiastisch und zuversichtlich
Flexibilität	stets guten Willens
Konfliktverhalten	entrüstend, moralisierend, teilweise arrogant
Motivierbar durch	Gutes, Wahres und Schönes
Karrierestreben	will selbstverständlich hoch hinaus
Zuverlässigkeit	Ehrensache
Teamverhalten	aufrichtig, jovial und tolerant
Innovationsfreude	begeistert sich für neue Pläne und grosse Visionen
Berufliche Stärke	kann Menschen motivieren, überzeugen und begeistern
Typisches Merkmal	steht gern auf der internationalen Bühne

Sonne in Steinbock 23. Dezember – 20. Januar

♑ Mit einer Steinbock-Sonne haben Sie einen ausgeprägten Sinn für die Wirklichkeit und ein hohes Verantwortungsbewusstsein. Ihnen liegt im Leben vor allem daran, grosse Aufgaben zu bewältigen und bedeutende Ziele zu verwirklichen. Dabei geht es Ihnen stets um die Sache und weit weniger um den persönlichen Ruhm. Ihre Stärke besteht denn auch in der Bereitschaft, Ihre Kräfte voll und ganz in den Dienst einer Aufgabe zu stellen und dafür, wenn nötig, persönlich auf vieles zu verzichten. So kommt auch Ihr Privatleben häufig zu kurz. Doch Sie haben klare Vorstellungen, was Sie im Leben erreichen wollen, und arbeiten deshalb hart und konsequent an der Verwirklichung Ihrer Ziele. Auch im Berufsalltag konzentrieren Sie sich stets auf das Wesentliche, und was Sie einmal angefangen haben, das bringen Sie zuverlässig zu Ende. Schwierigkeiten fordern Sie besonders heraus, und wo andere längst aufgeben, lassen Sie nicht locker, sondern wachsen gerade am Widerstand. Scheinbar unüberwindbare Hindernisse zu meistern bringt Ihnen höchste Befriedigung, und wenn es der Sache dient, treiben Sie sich einerseits aus Pflichtgefühl, aber auch auf Grund einer guten Portion Ehrgeiz zu Höchstleistungen an. Das lässt Sie manchmal etwas hart erscheinen, zumal Sie die hohen Anforderungen und den Perfektionsanspruch nicht nur an sich selbst, sondern auch an andere stellen. Doch selbst wenn Sie manchmal etwas streng wirken, schätzt man Sie sehr für Ihre Gradlinigkeit und Ihre Fairness im Umgang mit Kollegen oder einfach für Ihre aufrichtige und integere Art.

Typische Berufsbereiche: Überall dort, wo klare Strukturen und Regeln gelten und wo Richtlinien erstellt oder Ordnungssysteme geschaffen werden, wie im Erziehungs- und Staatswesen, Polizei- und Militärwesen, in der Öffentlichkeitsarbeit, in Wissenschaft, Forschung und Politik oder wo Projekte verwirklicht werden und Handfestes entsteht, wie im gesamten Bereich der Technik, in der Baubranche und der bildenden Kunst, sowie in allen Berufen, die Ausdauer, Verantwortungsbereitschaft und Ehrgeiz verlangen.

Zum Beispiel als: Politiker, Geschäftsfrau, Ingenieur, Bildhauerin, Bergarbeiter, Bürgermeister, Erzieherin, Aufseher, Bergführer, Physiker, Mathematikerin, Geologe, Polizist, Steuerbeamte, Treuhänderin, Pförtner

Berufsprofil für Steinbock-Geborene

Auftreten	klar und korrekt
Arbeitsstil	beharrlich und diszipliniert
Ausdauer	wie ein Marathonläufer
Entscheidet sich	wohlüberlegt und unwiderruflich
Durchsetzung	zielgerichtet und zäh
Flexibilität	wenn es der Sache dient
Konfliktverhalten	kontrolliert, aber auch hart und unversöhnlich
Motivierbar durch	klare Zielvorgaben und um Recht und Ordnung durchzusetzen
Karrierestreben	es geht um die Sache, nicht um den Ruhm
Zuverlässigkeit	oberstes Gebot
Teamverhalten	höchst zuverlässig und verantwortungsvoll
Innovationsfreude	wenn es sein muss
Berufliche Stärke	hält auch bei grössten Schwierigkeiten notfalls alleine durch
Typisches Merkmal	trägt gerne grosse Verantwortung

Sonne in Wassermann 21. Januar – 18. Februar

Mit einer Wassermann-Sonne verfügen Sie über ein ausgeprägtes Freiheitsbedürfnis und eine grosse Experimentierfreude. Sie möchten im Leben vor allem Ihre geistigen Fähigkeiten entfalten und damit neuen Ideen zum Durchbruch verhelfen und ein menschengerechtes Utopia Wirklichkeit werden lassen. Ihre Stärke liegt im Aufbrechen von verkrusteten Strukturen und in der Entwicklung von modernen Technologien und fortschrittlichen Denkmodellen. Sie besitzen ein ausgezeichnetes Gespür für den Zeitgeist und verkünden ihn meist schon lange bevor er in Mode kommt und sich konkret manifestiert. Die abstrakte Welt der Ideen interessiert Sie weit mehr als der reale Alltag, und die Freude an ausgefallenen Theorien, jenseits aller praktischen Erfahrung, lässt Sie bisweilen auch etwas weltfremd wirken. An Kreativität, cleveren Erfindungen und geistreichen, wenn auch manchmal etwas ausgefallenen Konzepten mangelt es Ihnen nicht, die konkrete Umsetzung ist jedoch weniger Ihre Sache. Grundsätzlich bevorzugen Sie die freie Mitarbeit sowie selbständige Tätigkeiten und können sich für geregelte Arbeitsabläufe nur erwärmen, wenn sie Ihnen auch genügend Freiraum lassen. Aber Sie lieben es auch, in einem Team zu arbeiten, bei dem sich jeder mit seinen individuellen Fähigkeiten einbringen und verwirklichen kann. Weil Sie für Neues stets offen sind, wechseln Sie gern einmal Ihr Wirkungsfeld. Dadurch ist Ihr beruflicher Werdegang manchmal von plötzlichen Ausstiegen und interessanten Zwischenspielen gekennzeichnet, aber auch von überraschenden Quereinstiegen und ungewöhnlichen Berufserfahrungen.

Typische Berufsbereiche: Überall dort, wo Neues erfunden oder ausprobiert wird, in der Aeronautik, in Forschung und Entwicklung, in der Elektronik und Informatik, in der Welt des Internet sowie in Werbung und Marketing, in der Zukunftsforschung und in der Ökologie, aber auch im Sozialwesen und in der Öffentlichkeitsarbeit, in gesellschaftskritischen Tätigkeiten und in allen kreativen und innovativen Berufen.

Zum Beispiel als: Ökologin, Philosophin, Informatiker, Erfinder, Pilotin, Trendforscher, Soziologin, Astronom, Astrologin, Psychiater, Elektroniker, Techniker, Karikaturist, Komödiant, PR-Managerin, Werbefachmann

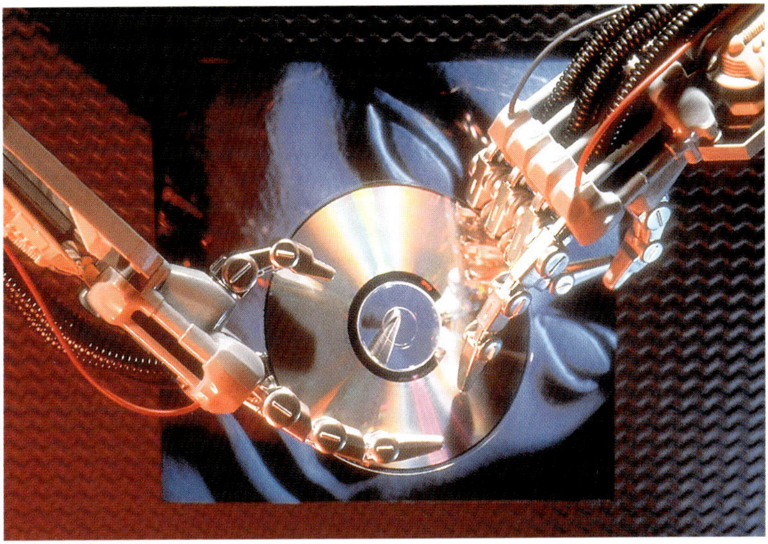

Berufsprofil für Wassermann-Geborene

Auftreten	originell und freundlich
Arbeitsstil	eigenwillig und innovativ
Ausdauer	wenig ausgeprägt, aber beabsichtigt
Entscheidet sich	überraschend, schnell, manchmal aber nur theoretisch
Durchsetzung	ungewöhnlich und taktisch klug
Flexibilität	sehr hoch, manchmal auch allzu sprunghaft
Konfliktverhalten	strategisch durchdacht, tolerant, aber auch von oben herab
Motivierbar durch	Experimente, geistige Impulse oder humanitäre Aufgaben
Karrierestreben	eigentlich als überholt verworfen, dennoch vorhanden
Zuverlässigkeit	ja, wenn nicht plötzlich etwas Neues dazwischenkommt
Teamverhalten	liebt Vernetzungen menschlicher, technischer und globaler Art
Innovationsfreude	kommt kaum dazu, all seine neuen Ideen umzusetzen
Berufliche Stärke	Erfindernatur mit gutem Instinkt für den Zeitgeist
Typisches Merkmal	häufig Quereinsteiger oder Freiberufler

Sonne in Fische 19. Februar – 20. März

♓ Mit einer Fische-Sonne verfügen Sie über tiefes Mitgefühl, eine mediale Ader und sehr viel kreative Phantasie. Sie streben im Leben vor allem danach, das Leid in dieser Welt zu lindern und das Bewusstsein auf Gebiete und Erfahrungen zu lenken, die Ihnen ein Gefühl für umfassendere Zusammenhänge vermitteln. Mit Ihrer grossen Sensibilität fühlen Sie sich aber auch von künstlerischen oder sozialen Tätigkeiten angezogen. Ideal ist für Sie ein Beruf, in den Sie Ihre Hilfsbereitschaft ebenso einbringen können wie Ihr intuitives Wissen, und auch Ihre schöpferische Imagination und die Sehnsucht nach einer heileren Welt brauchen kreative Ausdruckskanäle. Sind diese nicht vorhanden, flüchten Sie sich manchmal in Illusionen und Tagträume oder können Opfer Ihres übergrossen Idealismus werden. Andererseits faszinieren Sie aber gerade diese Scheinwirklichkeiten und locken Sie in die Welt von Film und Theater. Sich in den oftmals harten Bedingungen des Berufsalltags zurechtzufinden fällt Ihnen aber nicht leicht, weil Sie eigene Vorstellungen oder Ansprüche nur schwer durchsetzen können. Dafür sind Sie um so engagierter, wenn es um die Interessen anderer, vor allem von sozial Schwächergestellten oder Aussenseitern, geht. Sicher haben Sie manchmal den Eindruck, Ihren Lebensweg weniger selbst zu bestimmen als vielmehr an unsichtbaren Fäden geführt und von unterschwelligen Strömungen subtil beeinflusst zu werden. Es ist aber gerade diese enorme Durchlässigkeit, die Ihnen auch immer wieder inspirierende Erfahrungen und traumhafte Erlebnisse jenseits der alltäglichen Wirklichkeit beschert.

Typische Berufsbereiche: Überall dort, wo Phantasie gefragt ist und Illusionen Menschen verzaubern, in der Fotografie, bei Film und Fernsehen, im Theater oder in der Musik und Malerei, in helfenden und heilenden Berufen, im Therapiewesen, in der Drogenarbeit, in Heimen und Anstalten, in der Fürsorge, der Psychologie und der Esoterik, aber auch dort, wo mit giftigen und berauschenden Substanzen gearbeitet wird, wie in der Pharmaindustrie oder der Alkoholbranche, sowie in allen Berufen, die Instinktsicherheit und Hingabe verlangen.

Zum Beispiel als: Krankenpfleger, Künstlerin, Therapeutin, Psychiater, Fotografin, Tänzerin, Sängerin, Barkeeper, Seelsorger, Matrose, Fischer, Chemiker, Heilpraktiker, Spirituosenhändler, Tauchlehrer

Berufsprofil für Fische-Geborene

Auftreten	feinfühlig und sehr wandelbar
Arbeitsstil	liebt das kreative Chaos
Ausdauer	nicht im üblichen Sinne, kann sich aber völlig aufopfern
Entscheidet sich	intuitiv und instinktsicher
Durchsetzung	mit viel Fingerspitzengefühl und meist auf Umwegen
Flexibilität	passt sich neuen Strömungen leicht an
Konfliktverhalten	schwer angreifbar, weicht aus oder taucht ab
Motivierbar durch	das Gefühl, helfen zu können
Karrierestreben	schwimmt gerne nach oben
Zuverlässigkeit	solange alles im Fluss ist
Teamverhalten	passt sich leicht an, spiegelt häufig die Teamseele
Innovationsfreude	macht phantasievolle Vorschläge, manchmal nur schwer zu realisieren
Berufliche Stärke	Visionär, mit ausgeprägtem Sinn für Trends und Strömungen
Typisches Merkmal	wird häufig nach langem Suchen vom Beruf gefunden

Die Sonne in den Häusern

Sonne im ersten Haus

Steht Ihre Sonne im ersten Haus, liegt Ihr Potential zur Selbstentfaltung vor allem in der Durchsetzung der eigenen Persönlichkeit. Es fällt Ihnen leicht, aus sich herauszugehen und sich engagiert und selbstbewusst einer Aufgabe zu widmen. Sie haben keine Scheu, sich zu zeigen, gehen gerne voran und suchen immer wieder nach neuen, interessanten Möglichkeiten, in Ihrer Umgebung markante Akzente zu setzen. Im Berufsalltag entspricht Ihnen deshalb die direkte Auseinandersetzung an der Front weit mehr als das diskrete Wirken im Hintergrund. Sie bewähren sich gerne in Situationen, wo es darum geht, schnell zu entscheiden, beherzt zu handeln, neue Geschäfte anzureissen oder interessante Kontakte zu knüpfen. In einer Führungsposition oder einer selbständigen Tätigkeit arbeiten Sie weit effektiver, als wenn Sie sich den Anweisungen anderer unterordnen müssen. Am besten verwirklichen Sie sich gemäss Ihrem Sonnenzeichen in einem anregenden und abwechslungsreichen beruflichen Umfeld, wo Sie immer wieder aufs neue gefordert werden und kraft Ihrer starken Persönlichkeit Entwicklungen in Gang bringen können.

Bevorzugtes Umfeld: Überall dort, wo es darum geht, sich zu zeigen, offen auf Menschen zuzugehen oder sich mutig und engagiert einer Aufgabe zu stellen.

Sonne im zweiten Haus

Steht Ihre Sonne im zweiten Haus, liegt Ihr Potential zur Selbstentfaltung vor allem im Umgang mit Werten und im Aufbau von Sicherheiten. Schon früh drängt es Sie danach, sich eine solide Lebensgrundlage zu schaffen. Ihr Kapital liegt zum einen in Ihren Talenten, die Sie so ausbilden, dass Sie damit genügend verdienen können, aber natürlich auch in den Reserven, die Sie sich nach und nach aufbauen. Es macht Ihnen Freude, diese Fähigkeiten auch im Berufsleben einzusetzen und dort in all jenen Bereichen Dinge zu hegen und zu pflegen, in denen geistige oder materielle Ressourcen bearbeitet, genutzt oder vermehrt werden. Sie schätzen es, wenn im beruflichen Umfeld klare Verhältnisse herrschen, Arbeitsprozesse überschaubar sind und Ergebnisse unmittelbar sichtbar werden. Ein genau definiertes Tätigkeitsfeld und greifbare Werte bilden für Sie das richtige

Fundament, auf dem Sie ihre Stärken gemäss Ihrem Sonnenzeichen zum Ausdruck bringen können.

Bevorzugtes Umfeld: Überall dort, wo es darum geht, Sicherheit zu gewährleisten, Reserven aufzubauen oder wo ein abgegrenztes Revier oder ein überschaubarer Bereich zu betreuen oder zu bearbeiten ist.

Sonne im dritten Haus

Steht Ihre Sonne im dritten Haus, liegt Ihr Potential zur Selbstentfaltung vor allem im Bereich der Kommunikation. Sie lieben es zu lernen und Neues zu erfahren, sei es im Gespräch mit Menschen, über Zeitungen und Bücher oder beim Surfen im Internet. Deshalb ist für Sie ein berufliches Umfeld geeignet, das über die entsprechenden Methoden und Mittel verfügt und Ihnen diese Möglichkeiten bietet. So werden Sie vielleicht zum Sprachrohr für aktuelle Entwicklungen, unterrichten an einer Schule, vermitteln Wissen und Informationen in Kursen oder wirken als Kontaktstelle für Begegnungen aller Art. Selbst ein hektischer Arbeitsplatz, ständig wechselnde Eindrücke und immer wieder neue Begegnungen erleben Sie durchaus als anregend. Ihr Tätigkeitsfeld befindet sich idealerweise inmitten des pulsierenden Alltagslebens, in lockerer Atmosphäre und an den unterschiedlichsten Plätzen. Wo Abwechslung herrscht und geistiger Austausch gepflegt wird, wo Menschen und Ansichten aufeinandertreffen, da kommen Ihre Fähigkeiten gemäss Ihrem Sonnenzeichen am besten zum Ausdruck.

Bevorzugtes Umfeld: Überall dort, wo Menschen sich begegnen, wo Informationen gesammelt und verbreitet werden, wo gelernt, gelehrt, diskutiert und manchmal auch nur geplaudert wird.

Sonne im vierten Haus

Steht Ihre Sonne im vierten Haus, liegt Ihr Potential zur Selbstentfaltung vor allem im häuslichen und seelischen Bereich. Es drängt Sie mehr danach, sich Ihrem Innenleben, den Traditionen, der Vergangenheit oder der Familie zu widmen, anstatt Herausforderungen in der Aussenwelt zu suchen. Der regelmässige Rückzug in die Privatsphäre tut Ihnen gut und fördert Ihre Kreativität, weshalb Ihnen auch beruflich eine Tätigkeit liegt, der Sie zu Hause, in familiärer Atmosphäre oder in einem überschaubaren Umfeld nachgehen können. Vielleicht begleiten Sie auch andere bei der Erkundung ihres

Innenlebens, oder Sie setzen sich beruflich mit der Vergangenheit auseinander. Am besten entfalten Sie Ihre Fähigkeiten gemäss Ihrem Sonnenzeichen, wenn Sie sich verbunden und eingebunden fühlen, also in einem vertrauten oder privaten Rahmen, in dem Sie sich einer Sache in aller Ruhe und aus tiefster Seele widmen können.

Bevorzugtes Umfeld: Überall dort, wo Phantasie und Kreativität gefragt sind, wo Gefühle gelebt werden und man die Seele erforscht, wo es um Heimat und Familie geht oder wo Zuwendung gebraucht wird.

Sonne im fünften Haus

Steht Ihre Sonne im fünften Haus, liegt Ihr Potential zur Selbstentfaltung vor allem darin, schöpferisch tätig zu sein und sich mit den eigenen Kreationen in der Öffentlichkeit zu präsentieren. Sie sind ein Bühnenmensch, der gerne im Mittelpunkt steht und dort auch eine gute Figur macht. Vor Publikum laufen Sie zu Höchstform auf, sei es bei Sport und Spiel, beim Flirten oder bei anderen kreativen Tätigkeiten. Stets setzen Sie sich gekonnt und gerne in Szene und wissen dabei genau, wie man die gewünschten Effekte erzielt. Daher eignen Sie sich für Hauptrollen oder leitende Positionen, und es gelingt Ihnen meist auch beruflich, sich mit viel Einsatz und Mut einen Platz an der Sonne zu erkämpfen. Haben Sie diesen einmal gefunden, verstehen Sie es auch, ihn auszukosten. Am besten entfalten Sie sich gemäss Ihrem Sonnenzeichen in einem Tätigkeitsfeld, das Ihnen genügend Gestaltungsfreiheit lässt, damit Sie Ihre Kreativität spontan zum Ausdruck bringen können und Ihr Name zum unverwechselbaren Gütesiegel wird.

Bevorzugtes Umfeld: Überall dort, wo Kreativität, Mut und Führungstalent gefragt sind und es darum geht, Farbe zu bekennen oder ins Rampenlicht zu treten.

Sonne im sechsten Haus

Steht Ihre Sonne im sechsten Haus, liegt Ihr Potential zur Selbstentfaltung vor allem im Bereich des Alltags und der Arbeit. Sie schätzen es, in regelmässige Arbeitsprozesse eingebunden zu sein, und bevorzugen ein berufliches Umfeld, in dem Sie sich nützlich machen können, um dadurch einen wichtigen Beitrag zum Funktionieren des gesamten Systems zu leisten. Ihnen geht es vor allem um die Sache, und deshalb machen Sie weder grosses Aufheben um Ihre Person, noch drängt es Sie danach, persönlich im Rampenlicht zu stehen. Weit wohler fühlen Sie sich an einem Platz, wo klare Regeln gelten, planmässige Abläufe stattfinden und Sie genau wissen, was zu tun ist. Dort widmen Sie sich voll und ganz Ihrer Aufgabe, stellen die Erfüllung Ihrer Pflicht oftmals über alles andere und sind an Zuverlässigkeit kaum zu übertreffen. So entfalten Sie Ihre Fähigkeiten gemäss Ihrem Sonnenzeichen am besten in administrativen oder organisatorischen Bereichen und in einem klar definierten Arbeitsumfeld.

Bevorzugtes Umfeld: Überall dort, wo Pflichtgefühl und Realitätssinn verlangt sind, wo es um das Sanieren kranker Strukturen geht und um das optimale Zusammenspiel einzelner Kräfte.

Sonne im siebten Haus

Steht Ihre Sonne im siebten Haus, liegt der Bereich Ihrer Selbstentfaltung vor allem im Umfeld von Beziehung und Partnerschaft. Es drängt Sie danach, über Ihre berufliche Tätigkeit mit Menschen in Kontakt zu treten oder in einer beratenden Tätigkeit vermittelnd zu wirken. Sie sind sehr kooperativ; in einem Umfeld, wo es immer wieder zu persönlichen Begegnungen kommt, fühlen Sie sich am richtigen Platz. Mehr als andere erleben und brauchen Sie ein Gegenüber als Spiegel zur Selbsterkenntnis, und gerade weil Sie sich so stark auf ein Du beziehen, fällt es Ihnen nicht immer leicht, Ihre eigenen Ziele von den Erwartungen und Wünschen der anderen zu trennen. Dennoch sind Sie zur beruflichen Zusammenarbeit geboren. Am besten entfalten Sie sich gemäss Ihrem Sonnenzeichen in einem Wirkungsfeld, wo Sie unter Menschen sind und Ihre Fähigkeiten in einem Team oder einer geschäftlichen Partnerschaft einbringen können.

Bevorzugtes Umfeld: Überall dort, wo Beziehungen gepflegt und Verbindungen hergestellt werden, wo vermittelt, ausgeglichen oder beraten wird.

Sonne im achten Haus

Steht Ihre Sonne im achten Haus, liegt ein wesentlicher Bereich Ihrer Selbstentfaltung im Hintergründigen, in dunklen, unerforschten oder tabuisierten Gebieten. Es drängt Sie danach, hinter den Vorhang zu blicken und den Dingen auf den Grund zu gehen. Sie scheuen vor Gefahrenzonen nicht zurück und suchen dort immer wieder neue Herausforderungen. Eine berufliche Tätigkeit, die Sie auch mal an Ihre Grenzen bringt, entspricht Ihrem Hang, sich am Rande von

Abgründen, in Machtbereichen und Dunkelzonen zu bewegen. Alles Geheimnisvolle reizt Sie nun mal, und wo andere Berührungsängste haben oder Gefahr wittern, halten Sie sich besonders gerne auf. Ganz bewusst suchen Sie sich ein Wirkungsfeld, das Engagement und Leidenschaft erfordert und Ihnen die Möglichkeit bietet, Ihre grosse Belastbarkeit unter Beweis zu stellen. Am besten entfalten Sie sich gemäss Ihrem Sonnenzeichen in einer Position, die seelische Kraft verlangt und es Ihnen erlaubt, Einfluss zu nehmen, wichtige Prozesse zu steuern oder Faszination auszuüben.

Bevorzugtes Umfeld: Überall dort, wo Hintergründe erhellt oder Fäden gesponnen werden, wo Kontrolle ausgeübt oder Einfluss genommen wird.

Sonne im neunten Haus

Steht Ihre Sonne im neunten Haus, liegt ein wesentlicher Bereich Ihrer Selbstentfaltung in der steten Erweiterung der Horizonte durch Bildung und Reisen sowie in der ständigen Suche nach dem Sinn. Beruflich bevorzugen Sie ein Wirkungsfeld, das es Ihnen erlaubt, grosse Projekte in Angriff zu nehmen und auf geistigem oder materiellem Gebiet über bisherige Grenzen hinauszugehen. Ihr Platz ist nicht in den Niederungen des Alltags, vielmehr streben Sie nach persönlicher Verwirklichung in höheren Gefilden. Sie ertragen keine Beengung, sondern brauchen ein berufliches Tätigkeitsfeld, das Ihnen viel Freiraum lässt und zudem die Möglichkeit gibt, sich weiterzubilden und so Ihr Bewusstsein zu erweitern. Wo immer es darum geht, den Überblick zu haben, Organisationsarbeit zu leisten oder andere Menschen zu motivieren, fühlen Sie sich am richtigen Platz. Am besten entfalten Sie Ihre Fähigkeiten gemäss Ihrem Sonnenzeichen in einem grosszügigen Umfeld, das Ihnen genügend Weite und Entwicklungsmöglichkeiten bietet und Sie mit Inhalten konfrontiert, die Ihnen ein Sinngefühl vermitteln.

Bevorzugtes Umfeld: Überall dort, wo räumliche und geistige Horizonte erweitert werden, Überzeugungsarbeit geleistet und nach Höherem gestrebt wird.

Sonne im zehnten Haus

Steht Ihre Sonne im zehnten Haus, liegt Ihr Bereich der Selbstentfaltung vor allem im beruflichen Erfolg und dem Wirken in der Öffentlichkeit. Sie legen Wert darauf, durch Ihre Leistungen hervorzutreten und gesellschaftliche Anerkennung zu erlangen. Deshalb übernehmen Sie gerne verantwortungsvolle Positionen, in denen Sie Ihre hohen Ziele verwirklichen können, und wenn es sein muss, opfern Sie dafür manchmal auch Ihr Privatleben. Beruf ist für Sie gleich Berufung, und weil Sie ein gut organisiertes und strukturiertes Arbeitsumfeld schätzen, kann es auch sein, dass Sie sich in öffentlichen Ämtern und staatlichen Einrichtungen engagieren. Dabei ist Ihnen bewusst, dass Sie durch Ihr Wirken in der Öffentlichkeit auch Vorbild für andere sind, weshalb Sie stets auf korrektes Auftreten achten und sich selbstverständlich an die offiziellen Spielregeln halten. Am besten entfalten Sie Ihre Fähigkeiten gemäss Ihrem Sonnenzeichen in einer hauptberuflichen oder ehrenamtlichen Aufgabe, die es Ihnen ermöglicht, kraft Ihrer Autorität, auf gesellschaftliche oder politische Entwicklungen Einfluss zu nehmen.

Bevorzugtes Umfeld: Überall dort, wo Massstäbe, Normen und Grenzen gesetzt werden, Vorbilder gefragt sind und hohe Ziele verfolgt werden.

Sonne im elften Haus

Steht Ihre Sonne im elften Haus, liegt der Bereich Ihrer Selbstentfaltung vor allem im Kreise von Gleichgesinnten und Gruppierungen, die aus freien Stücken zueinandergefunden haben. Es drängt Sie danach, sich mit Ihrem individuellen Beitrag in die Gesellschaft einzubringen und durch die Verbreitung von neuem Gedankengut und innovativen Ideen die Zukunft aktiv mitzugestalten. Ihr Engagement gilt Bereichen, die sich ausserhalb der Norm befinden, in denen fortschrittliche Entwicklungen angeregt werden und zukunftsweisende Prozesse stattfinden. Am liebsten arbeiten Sie in einem Team, vor allem an Projekten, die auf humanitäre Ziele, neue Technologien, Gleichberechtigung und eine bessere Zukunft ausgerichtet sind. Auch brauchen Sie ein berufliches Umfeld, das Ihnen möglichst viel Freiraum gewährt, keine starren Grenzen kennt und sich dadurch immer wieder anders gestalten lässt. Am besten entfalten Sie Ihre Fähigkeiten gemäss Ihrem Sonnenzeichen in einer geistig anregenden Umgebung, in Gruppen und in Gebieten, wo der Zeitgeist pulsiert und wo man hoffnungsvoll zu neuen Ufern aufbricht.

Bevorzugtes Umfeld: Überall dort, wo Teamgeist gefragt ist, originelle Konzepte entworfen, Netzwerke gebildet und neue Ideen vermittelt werden.

Sonne im zwölften Haus

Steht Ihre Sonne im zwölften Haus, liegt Ihr Potential zur Selbstentfaltung vor allem in Gebieten jenseits der rationalen Welt. Es drängt Sie aus der alltäglichen Wirklichkeit hinaus, und Sie finden zu sich selbst in Bereichen, in denen Sie meditative und spirituelle Erfahrungen machen können. Auch beruflich wirken Sie am liebsten im Hintergrund, in der Abgeschiedenheit oder in Randbezirken und Traumwelten, jenseits der harten Realität. Wahrscheinlich fällt es Ihnen nicht immer leicht, Ihre Lebensziele klar zu definieren, und Ihre Bereitschaft, sich auf die alltägliche Routine einzulassen, ist nicht sonderlich ausgeprägt. Mehr als andere brauchen Sie einen Antrieb von aussen, der Sie darin unterstützt, Ihre oftmals unbewussten Fähigkeiten zum Ausdruck zu bringen und auch im Berufsleben ins rechte Licht zu rücken. Am besten entfalten Sie sich gemäss Ihrem Sonnenzeichen in räumlichen oder geistigen Grenzgebieten sowie an stillen Plätzen, wo Sie Frieden und innere Führung erfahren, um sich einer Aufgabe voll und ganz hinzugeben.

Bevorzugtes Umfeld: Überall dort, wo Stille herrscht, Intuition und Hilfsbereitschaft gefragt sind oder wo feinstoffliche und subtile Prozesse ablaufen.

Aspekte zur Sonne

Aspekte zur Sonne zeigen, inwiefern die Wesensnatur durch andere Planeteneinflüsse unterstützt, beeinträchtigt oder gehemmt wird. Dabei gelten **Sextile** (✱) und **Trigone** (△) als harmonisch und unterstützend, während **Quadrate** (□) und **Oppositionen** (☍) für Konflikte und Hemmungen stehen. Wie sich eine **Konjunktion** (☌) auswirkt, hängt jeweils von der Verträglichkeit der miteinander verbundenen Planeten ab.

Sonne/Mond

Stärke: Ausgeglichenheit

Ein harmonischer Aspekt zwischen Sonne und Mond weist darauf hin, dass persönliche Ziele in Übereinstimmung mit den emotionalen Bedürfnissen stehen. Unbewusste Impulse manifestieren sich in entsprechenden bewussten Handlungen, und der Einklang zwischen Seele und Geist löst persönliches Wohlbefinden aus.

Problematik: Anspannung

Spannungsaspekte zeigen an, dass das Wollen und Fühlen im Widerspruch zueinander stehen. Dadurch kommt es immer wieder zu heftigen Dissonanzen. Emotional getroffene Entscheidungen kollidieren mit den bewusst angestrebten Zielen und umgekehrt.

Sonne/Merkur

Stärke: Klare Standpunkte

Da Sonne und Merkur nie weiter als 28° voneinander entfernt stehen, ist die Konjunktion der einzig mögliche Aspekt zwischen diesen beiden Planeten. Ihr Zusammenwirken wird deshalb auch noch nach anderen Kriterien beurteilt. Stehen Sonne und Merkur in verschiedenen Zeichen, erhöht dies im günstigen Fall die Objektivität, weil durch die unterschiedliche Färbung dieser Planeten eine differenziertere Sichtweise entsteht. Im gleichen Zeichen gelten Entfernungen über 5° zwischen Sonne und Merkur ebenfalls als günstig, da Merkur hier die Sonne geistig inspiriert und als ideales Sprachrohr deren Anliegen nach aussen mit den passenden Worten vertritt.

Problematik: Missverständnisse

Befinden sich Sonne und Merkur in verschiedenen Zeichen, kann im ungünstigen Fall die Art der Kommunikation im Widerspruch zur eigentlichen Wesensnatur stehen. Dadurch kommt es öfters zu Missverständnissen, weil es nicht immer gelingt, die persönlichen Ziele und Wünsche klar und eindeutig zum Ausdruck zu bringen. Stehen beide Planeten im gleichen Zeichen und näher als 5° zueinander, so spricht man von einem «verbrannten Merkur». Das Denken verliert die kritische Distanz zur Wesensnatur und ist dadurch stark subjektiv gefärbt.

Sonne/Venus

Stärke: Beliebtheit

Die Konjunktion zwischen Sonne und Venus lässt einen Menschen sympathisch erscheinen und weist damit oft auf grosse Beliebtheit, aber auch auf einen ausgeprägten Geschmackssinn sowie grundsätzliches Wohlbefinden und Zufriedenheit hin. Diese Verbindung wirkt unterstützend, indem sie dem Menschen etwas Gewinnendes verleiht und dazu führt, dass persönliche Ziele mit Charme und friedlichen Mitteln verfolgt werden.

Problematik: Irritationen

Sonne und Venus stehen im Horoskop nie weiter als 48° voneinander entfernt, und so sind das Halbsextil und das Halbquadrat die einzigen möglichen Spannungsaspekte. Hierbei kann es zu leichten Irritationen kommen, weil die Umsetzung persönlicher Anliegen nicht immer in Übereinstimmung mit Fragen von Liebe, Frieden und Geschmack zu bringen sind. Auch können erotische Reize berechnend eingesetzt werden, um bestimmte persönliche Ziele zu erreichen.

Sonne/Mars

Stärke: Mut

Harmonische Aspekte stehen für grosse Vitalität und zeigen an, dass für persönliche und berufliche Ziele selbst riskante Aufgaben entschlossen, mutig und kraftvoll verfolgt werden. Die triebhafte Marskraft wird durch die «besonnene» Kraft der Sonne gelenkt und dadurch gezielt und effizient in den Dienst der persönlichen Verwirklichung gestellt.

Problematik: Impulsivität

Spannungsaspekte weisen darauf hin, dass langfristige Ziele oftmals zu Gunsten kurzfristiger Lustbefriedigung aufgegeben werden oder nicht integrierte Aggressionen unbewusst persönliche Ziele torpedieren. Das kann dem Lebensweg etwas Fragmentarisches verleihen, da die eigene Impulsivität immer wieder auf spekulative Risiken eingeht und wenig Planung und Kontinuität zulässt.

Sonne/Jupiter

Stärke: Selbstvertrauen

Harmonische Aspekte zwischen Sonne und Jupiter stehen für ein gutes Selbstvertrauen, für erfreuliche Entwicklungen und ein gesundes Persönlichkeitswachstum. Daraus ergibt sich ein Lebensoptimismus, der sich in aller Regel auch positiv auf berufliche Ziele auswirkt. Menschen mit dieser Konstellation zeigen sich gerne grossmütig und erleben auch selbst immer wieder Unterstützung und Förderung von aussen.

Problematik: Selbstüberschätzung

Spannungsaspekte können auf einen übertriebenen Geltungsdrang hinweisen und zu angeberischem, leichtfertigem oder spekulativem

Verhalten verleiten, nicht selten in Verbindung mit einem arroganten oder hochnäsigen Auftreten. Da eine Neigung zur Selbstüberschätzung besteht, kann das auch zu Übertreibungen aller Art führen.

Sonne/Saturn

Stärke: Integrität

Harmonische Aspekte stehen für ein hohes Verantwortungsbewusstsein, Seriosität, für grosses Durchhaltevermögen und für das gesunde Bewusstsein der eigenen Grenzen. Diese Konstellation zeigt, dass gesteckte Ziele wohl überlegt sind und mit dem gebührenden Ernst konsequent und beharrlich verwirklicht werden.

Problematik: Leistungsdruck

Spannungsaspekte können entweder eine Hemmung bedeuten, die bis zur völligen Verweigerung geht, aber ebenso auf einen übertriebenen Ehrgeiz und gnadenlosen Leistungsanspruch hinweisen. Das Lebensziel wird so hoch gesteckt, dass es nur mit schwerer Arbeit und unter grossem Verzicht zu erreichen ist, weil man glaubt, nur so Respekt und Anerkennung zu verdienen. Oft kommt es bei dieser Konstellation auch zu Autoritätskonflikten.

Sonne/Uranus

Stärke: Individualität

Ein harmonischer Aspekt fördert den Drang nach individueller Verwirklichung und persönlicher Unabhängigkeit, die nicht selten zu beruflicher Selbständigkeit führt. Darüber hinaus steht diese Konstellation für geistige Inspiration, die, in Verbindung mit der Freude an Innovation, grossen Erfindungsreichtum bedeutet, aber auch manche plötzliche Veränderung oder Quereinstiege auf dem beruflichen Weg mit sich bringen kann.

Problematik: Eigensinn

Bei einem Spannungsaspekt zwischen diesen beiden Planeten kann es zu einem übertriebenen Eigensinn kommen, der den Freiheitsdrang ziemlich unberechenbar macht. Die Bereitschaft, sich gesellschaftlich einzugliedern, eine Aufgabe zu übernehmen und wirklich nachhaltige Verantwortung zu tragen, wird immer wieder von einer inneren Rebellion durchkreuzt, was beruflich zu plötzlichen Abbrüchen und mehr oder weniger freiwilligen Arbeitsplatzwechseln führen kann.

Sonne/Neptun

Stärke: Soziales Bewusstsein

Bei harmonischen Aspekten besteht eine grosse Sensibilität und Durchlässigkeit, die sowohl künstlerische Fähigkeiten und das Interesse für spirituelle Wege als auch das Engagement für soziale Tätigkeiten fördern. Diese Verbindung kann zu visionären Ideen und Ahnungen führen und zur Bereitschaft, sich mit viel Idealismus und Hilfsbereitschaft für soziale Belange einzusetzen. Bei dieser Konstellation hat man oftmals das Gefühl, dass man zu seiner beruflichen Aufgabe hingeführt wird.

Problematik: Ziellosigkeit

Schwierige Aspekte zwischen Sonne und Neptun schwächen die Vitalität, den Selbstausdruck und damit die persönliche Verwirklichung. Oft besteht nur ein diffuses Bild bezüglich der eigenen Wesensnatur und als Folge auch bezüglich der beruflichen Ziele. Zudem fühlt man sich leicht als Opfer der Umstände und gewinnt so den Eindruck, dass man auf den eigenen Lebenslauf wenig Einfluss nehmen könne.

Sonne/Pluto

Stärke: Engagement

Harmonische Aspekte stehen für enorme Vitalität und ein unerschöpfliches Kräftereservoir, welches gerade in schwierigen Lebenssituationen den Durchsetzungswillen wachsen lässt. Die leidenschaftliche Intensität dieser Konstellation macht es möglich, dass grosse Leistungen erbracht werden oder berufliche Herausforderungen gewählt werden, vor denen andere zurückschrecken würden.

Problematik: Machtstreben

Ein Spannungsaspekt zwischen Sonne und Pluto weist auf eine extreme oder kompromisslose Lebensgrundhaltung hin, sowie auf einen erheblichen, oftmals auch unbewussten Kontroll- und Machtanspruch, der nach Durchsetzung um jeden Preis verlangt. Diese Konstellation kann aktiv oder passiv erlebt werden und sich beruflich als unterdrückte Selbstentfaltung mit einem Hang zur Selbstzerstörung oder als enormes Machtgebaren manifestieren.

Sonne/Chiron

Stärke: Charisma

Bei harmonischen Aspekten zwischen Sonne und Chiron verleiht die Fähigkeit, spirituelle Entwicklung und irdisches Streben in Einklang zu bringen, charismatische Ausstrahlung und Überzeugungskraft, die anderen als Vorbild zur eigenen Selbstverwirklichung dienen können. Diese Verbindung ist typisch für eine Tätigkeit in therapeutischen oder beratenden Berufen.

Problematik: Aufopferung

Ein Spannungsaspekt zwischen Sonne und Chiron vermittelt oftmals das Gefühl, dass man nicht sich selbst sein darf. Zwar kann man andere bei ihrer Selbstverwirklichung und auf dem beruflichen Werdegang fördern und unterstützen, die eigene Verwirklichung muss dafür aber zurückstehen oder gar geopfert werden. Der Schmerz über die Unfähigkeit, sein Wesen frei zum Ausdruck zu bringen, kann zu Neid gegenüber selbstbewussten und erfolgreichen Menschen führen.

Sonne/Lilith

Stärke: Licht und Dunkel

Besteht ein harmonischer Aspekt zwischen Sonne und Lilith, werden dunkle Seiten nicht als Bedrohung der eigenen Persönlichkeit erlebt, sondern werden als «lichter» Schatten, als kreative Ergänzung und innere Stärke empfunden. Die Akzeptanz der eigenen ambivalenten Wesensnatur führt zu einem selbstbewussten, manchmal auch herausfordernden Umgang mit Vorgesetzten und anderen Autoritäten.

Problematik: Auflehnung

Bei Spannungsaspekten zwischen Sonne und Lilith kommt es immer wieder zu Negativprojektionen, die vielfach zu Auflehnung und Rebellion gegenüber Autoritäten führen. Dahinter steckt häufig eine tiefe Ablehnung von oder eine Angst vor Vaterfiguren, was im Sinne einer Kompensation aber auch gerade zur Suche nach einer allmächtigen Autorität führen kann.

Das zweite Haus: Der Gelderwerb

Um uns in dieser Welt sicher zu fühlen, brauchen wir unseren Platz und vor allem die nötigen Mittel, um überleben zu können. Deshalb ziehen wir im zweiten Haus unsere Grenzen und entwickeln ein zunehmendes Bewusstsein der eigenen Person sowie unseres Eigentums. Dazu zählen nebst unserem Körper auch unsere Talente, materielle oder geistige Werte und somit das Vermögen im doppelten Sinne von Haben und Können. Hier finden wir all das, was wir brauchen, um unsere Gegenwart und Zukunft abzusichern. Darüber hinaus geht es hier aber auch ganz generell um unsere Wertvorstellungen und nicht zuletzt um unser Selbstwertgefühl. Dieses wichtige Grundempfinden erwächst unmittelbar aus all den Talenten und Qualitäten, die wir als unser persönliches Kapital betrachten, aber auch aus dem, was wir uns zutrauen, und nicht zuletzt aus dem Erleben, ob wir für das, was wir einbringen, entsprechend belohnt werden. Hier können wir also auch erfahren, ob wir liebens*wert* sind, ob wir für das, was wir sind und was wir tun, gemocht und wertgeschätzt werden.

Die Erfahrung, dass wir uns auf uns selbst und unsere Fähigkeiten verlassen können, vermittelt uns ein gesundes Selbstvertrauen und das beruhigende Gefühl, unabhängig zu sein und für uns selbst sorgen zu können. Daraus erwächst uns auch das Selbstverständnis, geniessen zu dürfen, uns gegen die Ansprüche anderer wenn nötig abzugrenzen und unseren Besitz vor Übergriffen zu verteidigen. Das zweite Haus bildet somit die Grundlage unserer materiellen und emotionalen Sicherheit, sowie unseres Selbstwertgefühls.

Planeten im zweiten Haus

Planeten im zweiten Haus zeigen an, wo unsere Fähigkeiten und Talente liegen, mit denen wir unser Selbstwertgefühl nähren können. Sie lassen uns Reserven und Rücklagen aufbauen, mit deren Hilfe wir langfristige Projekte in Angriff nehmen können. Häufig sind diese Planeten auch direkt berufswirksam und lassen erkennen, auf welche Weise oder in welchem Bereich wir unser Geld verdienen. Neben unserem Umgang mit Finanzen beschreiben die Konstellationen

des zweiten Hauses aber auch unsere konkreten Wertvorstellungen. Planetenballungen stehen hier für ein starkes Bedürfnis nach Sicherheit und können zudem auf eine Tätigkeit im Bereich von Finanzen und Immobilien hinweisen. Handelt es sich um schwierige Konstellationen, können sie darüber hinaus Verlustängste aktivieren oder auf der physischen Ebene für übertriebene Besitzansprüche oder Genusssucht stehen.

Planeten im zweiten Haus entfalten ihren Umgang mit Geld und anderen Werten je nach Zeichenstellung und Aspektierung wie folgt:

☉ Die Sonne steht für beständige Werte, einen guten Geschäftssinn, Wirklichkeitsnähe sowie einen besonnenen, souveränen Umgang mit Geld. Zudem fördert sie hier das Bewusstsein für lohnenswerte und sichere Investitionen. Sie kann im ungünstigen Fall jedoch ebenso Sturheit symbolisieren wie auch Geiz, Habgier oder übertriebenes Sicherheitsdenken anzeigen.

☾ Der Mond verleiht in diesem Bereich Instinktsicherheit im Umgang mit Finanzen und kann dabei den Wunsch nach Grundbesitz anzeigen wie auch das Gefühl von zufriedener Sattheit und emotionalem Reichtum vermitteln. In problematischer Weise kann er sich hier in einer Tendenz zu finanzieller Instabilität, einem labilen Selbstwertgefühl oder einem übertriebenen Sicherheitsbedürfnis bemerkbar machen.

☿ Merkur steht für Einfallsreichtum, einen cleveren Umgang mit Geld, für kaufmännisches und handwerkliches Geschick und einen guten Geschäftssinn. Im ungünstigen Fall führt er aber auch zu Leichtsinn im finanziellen Bereich, zu kühler Berechnung und verleiht einen Hang zu tricksen und damit andere zu übervorteilen.

♀ Venus steht für sinnliche Freude am Geld sowie die Lust, sich mit materiellen Werten zu schmücken, und verhilft darüber hinaus auch zu einer glücklichen Hand im Umgang mit Finanzen. Bei schwieriger Aspektierung kann sie hier jedoch auch zu Verschwendung, Bequemlichkeit oder Selbstgefälligkeit verführen und zudem Habgier, Eitelkeit oder übertriebene Besitzansprüche anzeigen.

♂ Mars steht in diesem Bereich für Schnelligkeit, Effektivität und Risikobereitschaft beim Geldverdienen, aber auch für den Willen, den eigenen Besitz sowie einmal Erreichtes mutig zu verteidigen. Doch kann er bei ungünstiger Aspektierung auch Geld verschleudern oder zu spekulativem Verhalten, Raffgier und einem riskanten Umgang mit Vermögenswerten verleiten.

♃ Jupiter sorgt für gesundes finanzielles Wachstum, für Gewinne und ein ausgeprägtes Reichtumsbewusstsein, das zu einem grosszügigen und souveränen Umgang mit Geld führt. Andererseits können Protzerei, Verschwendungssucht und finanzielle Übertreibungen, bis hin zur Hochstapelei, die Schattenaspekte dieser Konstellation sein.

♄ Saturn verleiht einen Sinn für beständige Werte und solide Geschäfte, macht genügsam und führt zu einem vorsichtigen, gewissenhaften Umgang mit Geld. In seiner problematischen Ausdrucksweise kann er für Existenzängste, Armutsbewusstsein und für den Hang zu Geiz und Neid stehen und dadurch entstehende Minderwertigkeitskomplexe anzeigen.

⛢ Uranus setzt in diesem Bereich auf geistige Werte, schätzt finanzielle Unabhängigkeit, besitzt Einfallsreichtum und geht im Umgang mit Geld häufig ungewöhnliche oder kreative Wege. Gleichzeitig kann er aber, aufgrund von impulsiven Handlungen in materiellen Angelegenheiten, auch plötzliche finanzielle Umbrüche und Instabilitäten oder existentielle Unsicherheiten auslösen.

♆ Neptun steht für inneren Reichtum und für spirituelle Werte, materielles Fingerspitzengefühl und eine schlafwandlerische Sicherheit im Umgang mit Geld. Bei schwieriger Aspektierung kann er in diesem Bereich aber auch Haltlosigkeit und damit ein finanzielles Chaos bewirken sowie für Schulden, Betrügereien oder auch ein mangelndes Selbstwertgefühl stehen.

♇ Pluto lässt die Macht des Geldes erkennen und steht für die Fähigkeit, grosse Vermögen zu verwalten oder durch Erbschaften und andere Gewinne zu enormem Reichtum zu kommen. Im ungünstigsten Falle kann er aber auch skrupellose Geschäfte, Habgier, Masslosigkeit, Bestechung oder sogar den finanziellen Ruin anzeigen.

⚷ Chiron kann einen verletzten Selbstwert anzeigen und zu übertriebener Vorsicht und Ängstlichkeit im Umgang mit Finanzen führen. Entsprechend gewissenhaft und sorgfältig verwaltet er auch fremdes Vermögen und kann dadurch in diesem Bereich andern gegenüber eine Beratungs- oder Schutzfunktion einnehmen.

⚸ Lilith steht hier für materielles Begehren und einen masslosen oder exzessiven Umgang mit Geld. Gleichzeitig bestehen Verlustängste, und tatsächlich kann es zu finanziellen Krisen oder grossen Gewinneinbussen kommen. Dies führt nicht selten zu freiwilligem Verzicht im materiellen Bereich, der die eigene Unabhängigkeit und damit letztlich auch das Selbstwertgefühl stärkt.

Das sechste Haus: Das Arbeitsumfeld

Im sechsten Haus geht es darum, sich für die Gemeinschaft nützlich zu machen, sich zu integrieren und das zu tun, was notwendig ist. Damit steht das sechste Haus ganz zentral für unseren Alltag, insbesondere den Berufsalltag, für Arbeitsinhalte, Arbeitsmethodik, Arbeitserfolg, Arbeitshierarchie und den Umgang mit Kollegen. Über den Drang eines jeden Individuums nach schöpferischem Selbstausdruck und der Befriedigung persönlicher Bedürfnisse hinaus müssen wir hier lernen, uns als lebendigen Teil eines grösseren Organismus zu verstehen, dem wir täglich dienen und der uns erhält und nährt, wenn wir uns seinen Gesetzmässigkeiten anpassen. Falls wir für das Ganze ein soziales Verantwortungsbewusstsein entwickeln und unsere Aufgabe ordentlich erfüllen, können wir uns innerhalb der gegebenen Grenzen optimal und frei entfalten. Eine Wahlmöglichkeit haben wir in diesem Bereich ohnehin nur scheinbar, denn wenn wir uns hier vor unseren Aufgaben drücken wollen, wird das System im Interesse seiner Selbsterhaltung dafür sorgen, dass eine entsprechende Korrektur erfolgt, oder uns letztlich ganz einfach ausschliessen. Die Kunst im sechsten Haus besteht also in der geschickten Verbindung von notwendiger Anpassung und persönlichem Selbstausdruck. Funktioniert dieses Zusammenspiel, entsteht eine Synergie, die auf der persönlichen Ebene wiederum Voraussetzung für körperliche und geistige Gesundheit und Wohlbefinden ist.

Planeten im sechsten Haus

Planeten im sechsten Haus zeigen an, wie wir unseren Alltag bewältigen und mit welchen Qualitäten wir zum Funktionieren des Gesamtorganismus beitragen. Sie lassen auch erkennen, welche Atmosphäre wir in unserem täglichen Umfeld und am Arbeitsplatz brauchen, um uns wohl zu fühlen. Unsere Bereitschaft, dem Ganzen zu dienen und damit ein integriertes, nützliches Mitglied der Gemeinschaft zu werden, hängt wesentlich von den Plazierungen dieses Hauses ab. Schwierige Konstellationen können Machtkämpfe und Abhängigkeiten im Arbeitsumfeld anzeigen, aber auch unsere körperliche Achillesferse sein. Planetenballungen bedeuten hier oft eine star-

ke Auseinandersetzung mit Ordnungssystemen und Alltagsrealitäten, stehen aber auch für ein ausgeprägtes Körperbewusstsein. Deshalb führen sie häufig zu einer Tätigkeit im Sozial- und Gesundheitswesen, im Dienstleistungssektor oder im organisatorischen Bereich.

Planeten im sechsten Haus entfalten ihre Arbeitsweise und ihr kollegiales Verhalten je nach Zeichenstellung und Aspektierung wie folgt:

☉ Die Sonne zeigt in diesem Bereich Wirklichkeitsnähe, Gewissenhaftigkeit und Freude an der Arbeit. Sie steht für grosses Pflichtbewusstsein, aber auch für Souveränität oder Anerkennung am Arbeitsplatz und verhilft häufig zu einer Führungsposition. Allerdings kann sie auch zu sehr um ihr Prestige besorgt sein und damit sich und andere unter Leistungsdruck setzen.

☾ Der Mond sorgt für ein gesundes Pflichtgefühl, für kollegiale Hilfsbereitschaft und das Bedürfnis, für andere zu sorgen. Er kann zudem eine abwechslungsreiche Tätigkeit, einen gemütlichen Arbeitsplatz oder ein familiäres Arbeitsklima anzeigen. Im ungünstigen Fall bedeutet er leichte Irritierbarkeit und einen launischen Umgang mit Kollegen, vielleicht auch einen unsicheren Arbeitsplatz oder ständig wechselnde Arbeitsbedingungen.

☿ Merkur erhöht die Konzentrationsfähigkeit und führt zu einer präzisen und effektiven Arbeitsmethodik. Auch steht er für eine interessante, abwechslungsreiche Tätigkeit, flexible Arbeitsbedingungen sowie für Kollegialität am Arbeitsplatz. Andererseits kann er auch übertriebene Geschäftigkeit, einen hektischen Arbeitsalltag und berechnendes Kalkül im beruflichen Umfeld anzeigen.

♀ Venus sorgt in der Regel für angenehme Arbeitsbedingungen sowie für Beliebtheit am Arbeitsplatz und kann sogar bedeuten, dass man dort der grossen Liebe begegnet. Im ungünstigen Fall steht Venus in diesem Bereich für eine übertriebene Erwartungshaltung im beruflichen Umfeld, für Bequemlichkeit und eine mimosenhafte Art im Umgang mit Kollegen.

♂ Mars zeichnet sich hier durch Fleiss und Effizienz aus, er stärkt den Arbeitswillen und motiviert dazu, seine Kräfte engagiert einzusetzen und wenn nötig auch zu kämpfen. Unter Umständen kann er, nebst Arbeitswut und Perfektionsdrang, aber auch leichte Reizbarkeit im Umgang mit Kollegen sowie heftige Rivalitäten im Arbeitsumfeld anzeigen.

♃ Jupiter bedeutet Erfolg am Arbeitsplatz, er fördert die Arbeitsethik, schafft optimale Arbeitsbedingungen und ein gutes Arbeitsklima. Er steht ferner für Kollegialität und unterstützende, karrierefördernde Kontakte im beruflichen Umfeld. Bei schwieriger Aspektierung kann er allerdings auch Dünkelhaftigkeit, Prinzipienreiterei oder Kompetenzüberschreitungen anzeigen.

♄ Saturn bürgt hier für pflichtbewusstes, strukturiertes Arbeiten und ein systematisches Vorgehen, für grosse Belastbarkeit und Integrität im Arbeitsbereich. Im ungünstigen Falle steht er für schwierige Arbeitsbedingungen in Form von Alltagstrott, Frondienst und Leistungsdruck, aber auch für Perfektionszwang, chronische Überarbeitung, nicht zuletzt aus der Unfähigkeit heraus, Aufgaben zu delegieren.

♅ Uranus braucht einen grossen Freiraum, erweist sich aber als eine originelle, innovative Kraft am Arbeitsplatz, die neue Arbeitsmethoden bevorzugt und sehr flexibel bei temporären Aufgaben einzusetzen ist. Meist drängt er dazu, sich freiberuflich zu verwirklichen. Bei schwierigen Aspekten kann er zum Unruhestifter werden und darüber hinaus Anpassungsschwierigkeiten, Unzuverlässigkeit oder Kontaktschwierigkeiten am Arbeitsplatz anzeigen.

♆ Neptun steht in diesem Bereich für soziales Engagement, kollegiale Hilfsbereitschaft, für die Hingabe an die Arbeit und ganz konkret auch für Heilberufe. Die Problematik dieser Stellung kann in chaotischen oder unklaren Arbeitsbedingungen und Intrigen am Arbeitsplatz liegen, aber auch in der Schwierigkeit, den Alltag zu bewältigen oder sich dauerhaft in den Arbeitsprozess einzugliedern.

♇ Pluto verleiht in diesem Bereich enorme physische Belastbarkeit, weckt den Forschergeist, führt zu tiefen Einsichten in subtile Arbeitsprozesse und kann auch heilerische Fähigkeiten anzeigen. Er steht bei ungünstiger Aspektierung aber auch für Machtkämpfe und Manipulationen am Arbeitsplatz, körperlichen Raubbau oder unlautere Arbeitsmethoden.

⚷ Chiron kann hier alltägliche Versagensängste und Schuldgefühle sowie übertriebene Zurückhaltung oder Empfindlichkeiten im Umgang mit Kollegen anzeigen. Allerdings versteht er es gleichermassen, andere bei der Arbeit zu unterstützen, Hilfestellungen im Alltag zu leisten und sich für soziale Belange oder in einer heilerischen Tätigkeit zu engagieren.

⚸ Lilith kann in diesem Bereich demütigende Arbeitsbedingungen oder gar den Verlust des Arbeitsplatzes, aber auch Autoritätskonflikte anzeigen, die aufgrund der Verweigerung einschränkender Strukturen und alltäglicher Notwendigkeiten entstehen. In einer therapeutischen Tätigkeit, in der Heiligung des Alltäglichen oder in rituellen Arbeitsabläufen liegen die Chancen dieser Stellung.

Das zehnte Haus: Beruf als Berufung

Der Medium coeli (MC) ist der höchste Punkt im Horoskop (Mittag) und zugleich der Beginn des zehnten Hauses, das der Öffentlichkeit, dem Staat und der Gesellschaft zugeordnet ist. Indem wir deren Gesetze anerkennen, unsere Pflichten erfüllen und Verantwortung für die Funktion des Ganzen übernehmen, gliedern wir uns in die Gemeinschaft ein. Damit geht es hier um unser Wirken in der Öffentlichkeit, um die ehrenamtlichen Aufgaben, die wir übernehmen, aber auch um die gesellschaftliche Position und das Ansehen, zu dem wir im Beruf gelangen. Das zehnte Haus steht für die Themen und Ziele, zu deren konkreter Umsetzung wir uns «berufen» fühlen und die im Laufe des Lebens immer wichtiger werden und verwirklicht werden wollen. Meist sind diese Ziele durch unsere Erziehung beeinflusst und werden im Sinne eines Lebensskripts schon sehr früh in unserer Kindheit festgelegt. Von der Erfüllung dieses Skripts erhoffen wir uns anfänglich die Liebe und Anerkennung unserer Eltern, später diejenige der Vorgesetzten und der Öffentlichkeit. So beschreibt das zehnte Haus auch unser Verhältnis zu Autoritäten. Daraus erklärt sich die für diesen Bereich typische Angst zu versagen oder kritisiert zu werden ebenso wie die Anstrengungen, die wir unternehmen, um unsere gesteckten Ziele zu erreichen.

Planeten im zehnten Haus

Planeten im zehnten Haus weisen auf Eigenschaften und Fähigkeiten hin, die wir gerne in der Öffentlichkeit zum Ausdruck bringen. Weil wir dafür anerkannt, bewundert und gelobt werden wollen, sind wir im wahrsten Sinne des Wortes darum bemüht, sie «hervorragend» zum Ausdruck zu bringen. Zwischen dem Ehrgeiz, der uns beflügelt, und der Angst, zu versagen und kritisiert zu werden, entsteht ein Spannungsfeld, in dem wir es im Umgang mit diesen Planetenqualitäten tatsächlich zur Meisterschaft bringen können. Die Konstellationen des zehnten Hauses beschreiben zudem die Art und Weise, aber auch die Mittel, mit deren Hilfe wir unsere beruflichen und gesellschaftlichen Ziele zu erreichen versuchen, und geben oftmals ganz konkrete Hinweise auf die berufliche Tätigkeit. Planeten-

ballungen in diesem Bereich verstärken das Bedürfnis, durch enormen Arbeitseinsatz öffentliche Anerkennung und Prestige zu erlangen. Die Karriere erhält dadurch einen hohen Stellenwert, und berufliche Ziele werden diszipliniert und ehrgeizig verfolgt.

Planeten im zehnten Haus bringen ihre Qualitäten auf dem beruflichen Weg oder als Berufsinhalt je nach Zeichen und Aspektierung folgendermassen zum Ausdruck:

☉ Die Sonne bedeutet, dass der berufliche Weg sehr selbstbewusst verfolgt wird. Sie verleiht zudem gute Führungsqualitäten und verhilft nicht selten zu gesellschaftlicher Beachtung und beruflichem Erfolg. Bei schwierigen Aspekten kann es an Mut mangeln, der eigenen Berufung zu folgen, was manchmal durch übertriebenes autoritäres Verhalten kompensiert wird.

☾ Der Mond zeigt an, dass berufliche Ziele instinktsicher verfolgt werden und es leicht gelingt, sich in der Öffentlichkeit beliebt zu machen. Manchmal führt er gar zu Popularität. Er steht für pädagogische Berufe, Aufgaben im Personalwesen oder für soziale und künstlerische Tätigkeiten. Ist er schwierig gestellt, kann es zu beruflichen Wechselbädern, aber auch zu einer anbiedernden Rückgratlosigkeit auf dem Weg nach oben kommen.

☿ Merkur bewirkt, dass auf dem Weg nach oben vor allem Verstand und taktisch kluges Vorgehen eingesetzt werden. Er verhilft zu guten Kontakten in der Öffentlichkeit und führt oft zu organisatorischen, kaufmännischen und beratenden Aufgaben in Wirtschaft und Politik oder zu Berufen, in denen es um Wort und Schrift geht. Schwierige Aspekte können zu einer berechnenden Art oder unseriösen Mitteln beim Verfolgen von beruflichen Zielen führen.

♀ Venus setzt auf dem Weg nach oben auf ihren Charme und zeigt sich in der Öffentlichkeit sehr kontaktfreudig. Dank ihr gelingt es leicht, sich auf dem gesellschaftlichen Parkett zu bewegen und in Repräsentationsaufgaben ebenso seine Berufung zu finden wie in gestalterischen Bereichen oder bei Vermittlungstätigkeiten. Die Schwächen können hier in Gefallsucht und einer Freundlichkeit liegen, die sich nur auf die äussere Form und den schönen Schein beschränkt.

♂ Mars steht für Einsatzwille und Durchsetzungskraft auf dem Weg zum beruflichen Erfolg. Ziele werden unbeirrbar, mit gutem Biss und wenn nötig auch mit Ellbogen verfolgt. Sein ungestümes Temperament bevorzugt Bereiche, in denen es heiss zu und her geht, ebenso wie Tätigkeiten, in denen für Recht und Ordnung gekämpft wird. Ungünstige Aspekte können aber auch Rivalitätskämpfe, Autoritätskonflikte und eine übertrieben ehrgeizige oder rücksichtslose Vorgehensweise anzeigen.

♃ Jupiter fördert den beruflichen Erfolg, weil er für Bevorzugungen, Unterstützung und öffentliche Anerkennung steht. Alle Berufe, die gesellschaftlich hoch angesehen sind und zu Ehren und Würden oder gar Berühmtheit führen, entsprechen dieser Stellung. Die Problematik kann hier in Hochstapelei und selbstgefälligem Auftreten bis hin zum Guruverhalten liegen.

♄ Saturn zeigt an, dass auf dem Weg nach oben konsequentes und seriöses Vorgehen im Vordergrund stehen. Dadurch dauert es manchmal etwas länger, bis sich der berufliche Erfolg einstellt, andererseits verhelfen Disziplin und Integrität zu verantwortungsvollen Positionen und hohen Ämtern oder führen zu Autoritätsfunktionen. Die Schwierigkeiten können in permanenter Überforderung bis hin zur gnadenlosen Selbstkasteiung und auch beruflichem Misserfolg liegen.

Uranus steht hier für einen eigenwilligen Weg nach oben. Die gesellschaftliche Integration findet hier nicht im Rahmen konventioneller Berufsziele statt, sondern über aussergewöhnliche Tätigkeiten in neuen, innovativen Bereichen. Berufe in der Computerbranche, in Entwicklung und Forschung gehören ebenso dazu wie freiberufliche Tätigkeiten und überraschende Quereinstiege. Schwierige Aspekte können einen Widerstand gegen gesellschaftliche Regeln anzeigen und so auch plötzliche «Karriereknicks» verursachen.

Neptun steht hier für hohe Ideale im Bereich der beruflichen Verwirklichung, und meist folgt er auf dem Weg nach oben ganz einfach seiner Intuition. Er führt häufig zu sozialem Engagement, zu Künstlertum oder Berufen bei Film und Fernsehen. Die Schwierigkeit kann hier in gesellschaftlicher Ausgrenzung, Ziellosigkeit, beruflichen Intrigen oder Wirklichkeitsverlust und damit Enttäuschungen auf dem Berufsweg liegen.

Pluto verhilft in diesem Bereich zu gesellschaftlicher Macht und Einfluss, steht aber auch für Erneuerungsstreben und ein starkes berufliches Engagement. Dabei unterstützt er Karrierepläne auf der politischen Bühne ebenso wie in allen anderen öffentlichen Machtbereichen. Die Gefahren von schwierigen Aspekten liegen im Machtmissbrauch, im Grössenwahn und damit einhergehend im beruflichen oder gesellschaftlichen Ruin.

Chiron steht hier oftmals für Verletzungen, Versagensängste oder Schuldempfinden im Zusammenhang mit beruflichen Zielen sowie für ein grosses Misstrauen gegenüber Autoritäten. Andererseits verleiht er natürliche Würde, und nicht selten zeigt er eine öffentliche Vorbildfunktion an, bei der er vor allem anderen Beistand und Ermutigung auf dem Weg nach oben zukommen lässt.

Lilith kann hier zu einer Doppelmoral gegenüber öffentlicher Anerkennung und beruflicher Verwirklichung führen und damit das ehrgeizige Verfolgen hoher Ziele ebenso anzeigen wie die absolute Verweigerung, bis hin zur gesellschaftlichen Ächtung. Andererseits wirkt sie in ihrer kraftvollen Manifestation als furchtlose Wegbereiterin für neue gesellschaftliche Strömungen und verhilft zudem beruflich zu enormer schöpferischer Kraft, die auf gesellschaftliche Akzeptanz verzichten kann.

Mars: Die treibende Kraft

Mars ist die Kraft im Horoskop, die uns motiviert, antreibt und uns hilft, unseren Willen durchzusetzen. Dabei ist er ein Einzelkämpfer, dem wenig daran liegt, die Bedürfnisse der Umwelt miteinzubeziehen oder mit anderen zu kooperieren. Mit seinen Handlungen betont er die Unterschiede weit mehr als die Gemeinsamkeiten. Im Gegensatz zur Sonne ist Mars aber keine zielgerichtete Kraft, die überlegt und konsequent handelt, sondern ein triebhafter Impuls, der sich unmittelbar abreagieren will. Meist folgt er einem instinktiven Drang, ohne dabei die langfristigen Konsequenzen zu bedenken oder auf die Interessen anderer Rücksicht zu nehmen. Ihm geht es in erster Linie um die reine Freude am Tun. Im günstigen Fall ist er die treibende und unterstützende Durchsetzungskraft im Dienst der Sonne, die sein impulsives Vorwärtsdrängen in besonnene Bahnen lenken kann. So wird er zu einem effizienten Instrument der Selbstverwirklichung und zu einer unverzichtbaren Kraft, um persönliche und berufliche Ziele zu erreichen.

Auch die Aspekte der langsam laufenden Planeten regulieren die Kräfte des Mars. Je nach Art der Verbindung können sie unterstützend, aber auch hemmend oder frustrierend sein.

Aspekte der langsamen Planeten zu Mars

Aspekt	Spannung	Harmonie
Mars/ Jupiter	Rekordsucht, Raubbau, Übertreibung, Fanatismus, Selbstüberschätzung, Geltungsdrang, das Glück herausfordern, riskant spekulieren	sinnvolles Engagement, Motivationskraft, Einsatzfreude, Willensstärke, Überzeugungskraft, Begeisterung, erfolgreiches Handeln
Mars/ Saturn	blinder Ehrgeiz, Alleingang, Verbissenheit, Blockierung, Überforderung, Leistungsdruck, Aggressionsprobleme	Entschlossenheit, Fleiss, Konsequenz, Effizienz, Durchhaltevermögen, Zielstrebigkeit, am Widerstand wachsen
Mars/ Uranus	Unberechenbarkeit, Willkür, Zersplitterung, Rebellion, Eigenbrötelei, sprunghaftes Handeln	spontanes, blitzschnelles Handeln, Intuition, Flexibilität, Experimentierfreude
Mars/ Neptun	Fluchttendenz, Märtyrertum, Feigheit, Antriebsschwäche, Hilflosigkeit, mangelnde Motivation	soziales Engagement, Hilfsbereitschaft, spirituelle Kraft, intuitives Handeln, Spürsinn
Mars/ Pluto	Rücksichtslosigkeit, Gewalt, Despotentum, Machtkampf, Konkurrenzverhalten, Extremismus, Autoaggression, Skrupellosigkeit, Sadismus	Mut, Unerschrockenheit, Regenerationskraft, Risikobereitschaft, Engagement, Machtwille

Mars in den Elementen

Mars in den Feuerzeichen: Widder, Löwe, Schütze

Volle Kraft voraus!

Der Feuer-Mars ist ein Kämpfer, der gerne Neuland erobert, in Wettbewerb tritt, aber auch rivalisiert, schnell Führung übernimmt und gerade in schwierigen Situationen seinen Mut beweist. Seine Stärke liegt in seiner ausgeprägten Willenskraft, seiner Vitalität und einer Entschlussfreude, mit der er andere immer wieder verblüfft oder ganz einfach an die Wand spielt. Da ihm Anpassung und Unterordnung schwerfallen, gibt er lieber selbst den Takt an und erledigt vieles im Alleingang. Seine Handlungen entspringen zumeist einem spontanen Impuls, und wenn es um neue Projekte oder gar ein Abenteuer geht, ist er sofort Feuer und Flamme. Ist er von einer Sache überzeugt oder will er etwas Bestimmtes unbedingt erreichen, kann er so sehr in Fahrt kommen, dass er aus Ungeduld auch zu überstürzten und kopflosen Handlungen neigt. Schiesst er dabei in seinem Feuereifer über das Ziel hinaus oder überrollt er andere, geschieht dies selten aus böser Absicht, sondern aufgrund seines Tatendrangs und eines ungestümen Temperaments.

Beruflich beweist er seine Willenskraft überall dort, wo es darum geht, Pionierarbeit zu leisten, Führung zu übernehmen, Entwicklungen in Gang zu bringen und Begeisterung und Initiative zu zeigen. Dabei ist sein Arbeitstempo schnell und effizient, und solange genügend Spannung da ist oder der Reiz des Neuen ihn treibt, brennt bei ihm nichts an. Sobald es aber um Kleinarbeit oder die mühevolle Umsetzung des feurigen Erstimpulses geht, fühlt er sich oftmals nicht mehr zuständig. Entweder delegiert er die lästige Durchführung dann an Kollegen mit mehr Geduld und Ausdauer, oder er lässt das Begonnene einfach liegen und fängt voller Enthusiasmus kurzerhand etwas Neues an.

Der **Widder-Mars** ist willensstark und leicht motivierbar, reagiert aber schnell gereizt und handelt manchmal rücksichtslos. Der **Löwe-Mars** agiert selbstbewusst und eignet sich für Führungsaufgaben, kann aber auch stolz oder angeberisch auftreten. Der **Schütze-Mars** ist begeisterungsfähig und verfolgt oft hohe Ziele, übertreibt dabei aber gerne und neigt zudem zur Selbstüberschätzung.

«Am Mute hängt der Erfolg!»

Theodor Fontane

Mars in den Erdzeichen: Stier, Jungfrau, Steinbock

Langsam, aber sicher

Der Erd-Mars ist ein Langstreckenläufer, der seine Kräfte gut einzuteilen weiss. Der Impuls zur Handlung ist zwar selten spontan, dafür aber nachhaltig und verbindlich. Erst einmal in Gang gekommen, lässt er sich nicht so schnell wieder bremsen. Bei ihm verbindet sich grosses Durchhaltevermögen mit einer enormen Zähigkeit, Eigenschaften, die diesen Mars langsam, aber sicher zum Ziel bringen. Er orientiert sich am Machbaren, denn weil für ihn nur das handfeste Ergebnis zählt, sind für ihn auch Taten wichtiger als alle guten Worte. Dabei kann er sich regelrecht an Dingen festbeissen, etwas beharrlich aussitzen oder sich einmal gesteckte Ziele Schritt für Schritt hart erarbeiten. Seine Stärke liegt in seinem Gewicht – und dabei weniger im Angriff als in der Verteidigung. Wer ihm seinen Besitz streitig machen will oder seine Geduld zu lange auf die Probe stellt, den walzt er ganz einfach nieder.

Beruflich beweist er sein Beharrungsvermögen vor allem dort, wo es darum geht, Forschung zu betreiben, Traditionen zu pflegen, langfristige Projekte zu verfolgen und Ideen Schritt für Schritt in die Tat umzusetzen. Dabei ist sein Arbeitsstil ausdauernd und präzise, und solange er ein konkretes Ziel vor Augen hat, wird er es unermüdlich und mit viel Einsatz verfolgen. Die Freude an handwerklichen Tätigkeiten, das geduldige Erledigen minutiöser Kleinarbeit und auch die Übernahme von verantwortungsvollen Aufgaben oder langfristigen Verpflichtungen entsprechen seinem erdhaften Temperament. Entsprechend stur oder übervorsichtig kann er sich aber gegenüber plötzlichen Veränderungen oder notwendigen Erneuerungen zeigen.

Der **Stier-Mars** startet am langsamsten, verfügt dafür aber über enormes Durchhaltevermögen und ist von einer einmal eingeschlagenen Richtung kaum mehr abzubringen. Der **Jungfrau-Mars** ist tüchtig und arbeitet äusserst präzise, neigt dabei aber zur Pedanterie. Der **Steinbock-Mars** beweist viel Ehrgeiz und handelt konsequent, kann dabei aber auch äusserst unnachgiebig sein.

«Meine Stärke liegt allein in meiner Beharrlichkeit!»
Louis Pasteur

Mars in den Luftzeichen: Zwillinge, Waage, Wassermann

Die Kraft der Gedanken

Der Luft-Mars ist ein Taktiker, der seine Schachzüge stets clever plant. Seine grösste Stärke liegt denn auch in seiner Flexibilität, mit der er selbst Unvorhergesehenes locker meistert und sich jeder neuen Situation blitzschnell anpassen kann. Er verfügt über viel Schlagfertigkeit und überrascht seine Umwelt immer wieder durch unerwartete Aktionen. In seinen Handlungen ist er äussert flink, geschickt und wendig. Neue Impulse nimmt er sofort auf und versteht sie ebenso zügig wie raffiniert umzusetzen. Natürlich kommt es schon mal vor, dass er trotz aller Hektik nur heisse Luft produziert und am Ende nichts Brauchbares dabei herauskommt. Von einer inneren Unruhe getrieben, ist er einfach ständig in Bewegung, was bei ihm leicht zu Zerstreutheit und unkonzentrierten Aktionen führen kann. Auch agiert er gern auf mehreren Bühnen gleichzeitig, zumal er geschickt koordinieren kann und es ihm bei mangelnder Abwechslung bald einmal langweilig wird. Weil er die Nase stets im Wind hat, spürt er kommende Veränderungen schon weit im voraus und kann seine Taktik rechtzeitig den neuen Gegebenheiten anpassen.

Beruflich beweist er seine Fertigkeiten überall dort, wo es darum geht, schnell zu reagieren, Flexibilität zu zeigen, geschickt zu taktieren, locker zu improvisieren oder neuen Ideen zum Durchbruch zu verhelfen. Die theoretische Planung von Projekten und vor allem das Entwerfen neuer Konzepte motivieren ihn besonders, auch wenn dabei so manche geplante Aktion als reine Theorie in seinem Kopf steckenbleibt. Doch jenseits aller Nützlichkeitskriterien locken ihn intellektuelle Herausforderungen nun mal weit mehr als strukturierte Abläufe oder schweisstreibende Kraftakte. Sein unkomplizierter Arbeitsstil hat etwas spielerisch Leichtes, wobei seine Handlungen gelegentlich auch hektisch, sprunghaft oder wenig kontinuierlich erscheinen.

Der **Zwillinge-Mars** ist geschickt, agiert flink und clever, neigt aber zur Zersplitterung seiner Kräfte. Der **Waage-Mars** löst Probleme diplomatisch und elegant, zeigt aber wenig Biss und Konfliktbereitschaft. Der **Wassermann-Mars** ist experimentierfreudig, kann dabei aber auch unberechenbar oder allzu sprunghaft sein.

«Ich bin nicht durcheinander. Ich bin einfach nur gut gemischt!»

Robert Frost

Mars in den Wasserzeichen: Krebs, Skorpion, Fische

Auf Umwegen zum Ziel

Der Wasser-Mars ist ein Magier, der meist verdeckt, aus dem Hintergrund oder in aller Stille agiert. Dabei lässt er sich gerne von seiner guten Intuition leiten. Seine Handlungsweise ist entsprechend schwer vorhersehbar und folgt scheinbar unsichtbaren Impulsen, die ihn, wenn auch über Umwege und auf verschlungenen Pfaden, schlussendlich doch zum Ziel führen. Dabei reagiert er vor allem auf emotionale Reize, die er in einem breiten Spektrum von selbstlosem sozialem Engagement über seelische Manipulation bis hin zur Selbstaufopferung umsetzen kann. Seine grossen Stärken liegen in seiner Undurchschaubarkeit, mit der er seine Umgebung verwirren oder lahmlegen kann, aber auch in der Unablässigkeit, mit der er andere seelisch zermürbt und weichkriegt. Und wenn er sich überfordert fühlt oder in die Enge getrieben wird, taucht er für eine Weile ganz einfach ab. Wer ihn unterschätzt oder verharmlost und deshalb provoziert, wird sich wundern, wenn plötzlich die entfesselten Wasser über ihn hereinbrechen.

Beruflich beweist er seinen ausgeprägten Spürsinn überall dort, wo Intuition und Kreativität gefragt sind, wo Schwächere Unterstützung brauchen, und in Situationen, bei denen weniger vordergründige Kraftakte als vielmehr subtile Handlungsweisen und richtiges Fingerspitzengefühl zum Ziel führen. Dabei ist sein Arbeitsstil wenig strukturiert, sondern folgt vielmehr instinktiven Impulsen und momentanen Launen. Das heisst jedoch nicht, dass er dadurch weniger effizient oder erfolgreich wäre. Doch manchmal sind seine Handlungen für Vorgesetzte oder Mitarbeiter schwer nachvollziehbar, und seine intuitive Vorgehensweise rechtfertigt sich oftmals erst im nachhinein, wenn die gestellte Aufgabe plötzlich, wie von Zauberhand, auf wundersame Weise erledigt ist.

Der **Krebs-Mars** verfügt über schöpferische Kraft, zeigt sich in der konkreten Umsetzung aber oftmals zögerlich. Der **Skorpion-Mars** ist unerschrocken und zäh, kann dabei aber auch zerstörerisch vorgehen. Der **Fische-Mars** zeigt grosses Engagement, wenn es um die Interessen anderer geht, verhält sich in eigenen Belangen aber oftmals schwach und hilflos.

«Wenn ihr's nicht fühlt, ihr werdet's nicht erjagen!»
Johann Wolfgang von Goethe

Mars in den Häusern	
Mars	**Drang/Wille**
im ersten Haus	Seine Anliegen entschlossen durchzusetzen, unabhängig zu bleiben und mutig neue Wege zu gehen.
im zweiten Haus	Aufbauarbeit zu leisten, seinen Besitz zu verteidigen und sein Geld eigenständig zu verdienen.
im dritten Haus	Sich unter Menschen zu bewegen und wortstark seinen Willen kundzutun.
im vierten Haus	Innere Konflikte auszufechten und sich für seine Familie oder Schutzbedürftige stark zu machen.
im fünften Haus	Spass zu haben und im Wettbewerb mit andern seine Kräfte zu beweisen.
im sechsten Haus	Die alltäglichen Aufgaben effizient zu meistern und sich am Arbeitsplatz engagiert ein- und durchzusetzen.
im siebten Haus	Sich in Beziehungen voll zu engagieren und Konflikte in Partnerschaften offen auszutragen.
im achten Haus	Immer wieder Grenzen auszuloten, Macht und Einfluss auszuüben, um selbst nicht machtlos zu sein.
im neunten Haus	Überzeugungsarbeit zu leisten und mit Begeisterung an seinen Visionen zu arbeiten.
im zehnten Haus	In der Öffentlichkeit zu wirken und mit eisernem Willen ehrgeizige Ziele zu verfolgen.
im elften Haus	Mit unkonventionellen Methoden und vereinten Kräften an der Verwirklichung von Idealen zu arbeiten und gelegentlich auch gegen den Strom zu schwimmen.
im zwölften Haus	Sich für soziale Anliegen einzusetzen und mit subtilen Mitteln aus dem Hintergrund zu agieren.

Merkur: Ideen und Interessen

Die Position von Merkur im Horoskop lässt erkennen, was uns interessiert, wie wir denken, kommunizieren, lernen und ganz allgemein Informationen suchen, aufnehmen und verarbeiten. Gleich einem Lichtkegel lassen wir unsere Aufmerksamkeit auf gewisse Bereiche fallen, wohingegen andere vorerst unbemerkt bleiben. Je nach der Zeichenstellung von Merkur legen wir dabei mehr Wert auf die objektive Wirklichkeit oder die subjektive Bedeutung. Der Merkur-Position lässt sich aber auch entnehmen, ob wir einen Sinn für praktische und handwerkliche Fähigkeiten haben oder uns lieber in abstrakten und intellektuellen Bereichen bewegen. Ferner beschreibt er auch unser Lernverhalten und gibt Hinweise, für welche berufliche Tätigkeiten wir uns besonders interessieren. Merkur hat somit die Funktion eines Wahrnehmungsfilters. Er bestimmt das Denk- und Zuordnungsprogramm, mit dem wir unsere Umgebung betrachten, zeigt, welche Informationen wir aufnehmen und welche

wir ausblenden und auf welcher Wellenlänge wir in erster Linie empfangen. Werden wir auf «unserem Kanal» angesprochen, dann ist die Verständigung gut, dann nehmen wir alles leichterhand auf, können Einzelheiten zuordnen, Fakten verwerten und Neues lernen. Unser Interesse kann nur dort nachhaltig geweckt werden, wo äussere Impulse eine innere Resonanz auslösen und wir daher sogleich «aufmerken».

Aspekte der langsamen Planeten zu Merkur

Aspekt	Spannung	Harmonie
Merkur/ Jupiter	Spekulatives Denken, Geschwätzigkeit, Angeberei, Übertreibung Besserwisserei, Dogmatismus, Übereifer	Zuversicht, visionäres Denken, Einfallsreichtum, Humor, Überzeugungskraft, Wissensdrang, Vertrauen in das eigene Denkvermögen
Merkur/ Saturn	Lernblockaden, Sprechhemmungen, Engstirnigkeit, Sturheit, Verschlossenheit, mangelndes Vorstellungsvermögen	Strukturiertes, folgerichtiges Denken, Klarheit, Präzision, Konzentration, Ehrlichkeit, Direktheit, Sachlichkeit, Objektivität, Sorgfalt, Organisationstalent
Merkur/ Uranus	Sprunghaftes Denken, der Querkopf, der Sophist, Konzentrationsmangel, Nervosität, Utopien, Verrücktheiten, Rastlosigkeit	Innovative Ideen, der Erfindergeist, philosophisches Denken, Einfallsreichtum, gute Kombination, Witz, Abstraktionsvermögen
Merkur/ Neptun	Unklarheiten, Intrigen, Inkonsequenz, diffuses Denken, Vergesslichkeit, Verwirrung, Illusionen, Wunschdenken	Phantasie, Intuition, Einfühlungsvermögen, mediale Fähigkeiten, Inspiration, ganzheitliches Denken
Merkur/ Pluto	Zwanghafte Ideen, verbohrtes Denken, Sarkasmus, Demagogie, Taktlosigkeit, Manipulation	Tiefgründige Gedanken, hypnotische Kraft, Forschergeist, «Röntgenblick», Heilkraft, «magische» Überzeugungskraft

Merkur in den Elementen

Merkur in den Feuerzeichen: Widder, Löwe, Schütze

Überzeugungskraft und Optimismus

Der Feuer-Merkur braucht nur einen zündenden Impuls, um «Feuer zu fangen». Sobald er sich für etwas begeistert und erwärmt oder für eine Idee «entflammt», ist er voll dabei und vertritt seine Meinung enthusiastisch und engagiert. Auch versteht er es brillant, andere von seinem Standpunkt zu überzeugen, und mit seinem Optimismus kann er selbst Skeptiker für ein Vorhaben gewinnen. Stets ist er offen für Neues, denkt zukunftsorientiert und spricht schnell aus, was ihm gerade durch den Kopf geht. So sollte man von ihm auch nicht allzuviel Beständigkeit erwarten. Was er heute aus vollem Herzen für gültig erklärt, kann er schon morgen ebenso beherzt bekämpfen. Mit formaler Logik hat der Feuer-Merkur eher wenig am Hut, weil sie sich partout nicht seinem Willen unterwirft! Er vertraut lieber seinem spontanen Urteilsvermögen, das dennoch eine beachtliche Treffsicherheit aufweist. So neigt er dazu, sich auf den ersten Eindruck zu verlassen, denn als wahr erscheint dem Feuer-Merkur stets das, was ihm spontan ein*leuchtet,* was eben plausibel ist, auch wenn man eine solche Meinung nicht weiter begründen kann. Seine Sicht der Wirklichkeit ist dementsprechend subjektiv gefärbt, und er hat zudem eine Schwäche für Übertreibungen. Keiner versteht es so gekonnt wie er, die banalsten Geschichten dramatisch aufzubauschen und sie zu den spannendsten «Stories» umzufunktionieren.

Wo immer es darum geht, Überzeugungsarbeit zu leisten, Begeisterung auszulösen, zu improvisieren, zu motivieren, etwas spannend vorzutragen oder sich Gehör zu verschaffen, engagiert Streitgespräche zu führen, markante Reden zu halten oder sich für eine Sache verbal stark zu machen, ist der Feuer-Merkur am richtigen Platz.

Der **Widder-Merkur** ist schlagfertig und wortstark, denkt aber oftmals nicht weit genug oder ist einfach nur laut. Der **Löwe-Merkur** denkt gern in grossen Dimensionen und ist ein brillanter Redner, hat aber einen Hang zur Theatralik. Der **Schütze-Merkur** denkt zuversichtlich, äussert sich freimütig und versteht es zu überzeugen, kann dabei aber auch belehrend wirken oder schwülstig werden.

«Die grossen Gedanken kommen vom Herzen.»
L. Vauvenargues

Merkur in den Erdzeichen: Stier, Jungfrau und Steinbock

Fakten und Gründlichkeit

Ein Erd-Merkur verfügt über einen ausgeprägten Realitätssinn, orientiert sich an Tatsachen und objektiven Daten, weil für ihn nur die greifbare Wirklichkeit zählt. Seine Gedanken kreisen um das Machbare und um die praktische Lösung von Problemen. Das wissenschaftliche Weltbild ist seine geistige Heimat, und er argumentiert gerne mit Fakten, Zahlen oder Statistiken. Die Dinge müssen beweisbar und nachvollziehbar sein, um von einem Erd-Merkur aufgenommen und verstanden zu werden. So lernt er am besten anhand von konkretem Anschauungsmaterial und hält dabei seine Erfahrungen am liebsten schriftlich fest. Vielleicht dauert es manchmal etwas länger, bis er etwas wirklich verstanden hat, dafür ist sein Wissen dann aber fest verankert und jederzeit abrufbar. Auch der mündliche Ausdruck ist beim Erd-Merkur oftmals langsamer als bei den anderen Elementen, da er zuerst alle Fakten und Aussagen gründlich überprüft. Doch das, was er sagt, hat Hand und Fuss und basiert, dank seiner ausgezeichneten Beobachtungsgabe, auf Erfahrungswissen und objektiven Tatsachen, die er in Diskussionen dann auch fundiert und hartnäckig vertritt. Er ist der Wirklichkeit allerdings so sehr verpflichtet, dass es ihm nicht immer leichtfällt, seiner Phantasie freien Lauf zu lassen und Visionen zu entwickeln.

Wo immer es darum geht, Fakten zusammenzutragen, Analysen zu erstellen, fleissig zu sammeln, zu sortieren und nüchtern zu argumentieren, Sachlichkeit zu beweisen, Dinge gründlich zu erforschen oder Verwaltungsarbeiten zu erledigen, Konzepte auszuarbeiten oder geschickt mit Zahlen zu jonglieren, ist der Erd-Merkur am richtigen Platz.

Der **Stier-Merkur** denkt bedächtig und lernt aus Erfahrung, neigt aber manchmal zu einseitigen Erklärungen. Der **Jungfrau-Merkur** denkt praktisch und argumentiert vernünftig, kann dabei aber etwas nüchtern oder trocken wirken. Der **Steinbock-Merkur** überlegt gründlich und vertraut auf Erfahrungswissen, sieht die Dinge aber manchmal zu eng.

«Was vernünftig ist, das ist wirklich;
und was wirklich ist, das ist vernünftig.»
Friedrich Hegel

Merkur in den Luftzeichen: Zwillinge, Waage, Wassermann

Ideenreichtum und Flexibilität

Ein Luft-Merkur befindet sich in seinem Element. Die Gedanken fliessen hier frei und ungehindert von emotionalen Eindrücken oder praktischen Erwägungen. Objektives Denken zeichnet ihn aus, und an klugen Argumenten oder logischen Erklärungen mangelt es ihm selten. Seine differenzierte Ausdrucksweise und seine sprachliche Gewandtheit machen ihn zum beeindruckenden und unterhaltsamen Gesprächspartner. Theoretisch kann sich der Luft-Merkur alles vorstellen. Gerne begibt er sich in abstrakte Bereiche und überfliegt hinderliche Tatsachen oder die nüchterne Realität ganz locker mit gewagten Gedankensprüngen. Er redet gerne, schnell und viel, ist an allem interessiert und beteiligt sich am «Small talk» genauso eifrig wie an Fachgesprächen oder utopischen Überlegungen. Antriebskraft für den Luft-Merkur ist seine grenzenlose Neugierde und die Freude an der Abwechslung. So bewegt er sich behende an der Oberfläche, empfängt gleichzeitig auf mehreren Kanälen und wechselt lieber öfters das Thema, als gedanklich tiefer in die Materie einzudringen. Der Luft-Merkur möchte dafür bewundert werden, dass er soviel weiss, und am härtesten trifft ihn der Vorwurf, eine lange Leitung zu haben oder begriffsstutzig zu sein.

Wo immer es darum geht, Informationen zu sammeln und Wissen weiterzugeben, objektive Sichtweisen einzunehmen, Meinungen zu vertreten, Kontakte herzustellen, logisch zu kombinieren, neue Ideen und innovative Konzepte zu entwickeln, Pläne und Strategien zu entwerfen, zu vermitteln, zu schlichten oder anderen mit Rat zur Seite zu stehen, ist der Luft-Merkur am richtigen Platz.

Der **Zwillinge-Merkur** ist clever und wendig, kann sich aber schlecht auf eine einzige Sache konzentrieren. Der **Waage-Merkur** ist ein Schöngeist, äussert sich stilvoll und charmant, aber oftmals nur vage. Der **Wassermann-Merkur** ist ein einfallsreicher Querdenker, der mit seinen Überlegungen aber gelegentlich zu sehr abhebt.

«Unterhaltung sollte alles berühren, sich aber auf nichts konzentrieren.»

Oscar Wilde

Merkur in den Wasserzeichen: Krebs, Skorpion, Fische

Phantasie und Intuition

Die Stärke des Wasser-Merkurs liegt im intuitiven Erfassen von Zusammenhängen, im teilweise phänomenalen Erspüren von Lösungen und Erkenntnissen, das anderen oftmals als reines Raten erscheint und ihnen auf der logischen Ebene unerklärlich bleibt. Dank seiner Nähe zur Bilderwelt der Seele kann der wässerige Merkur nicht nur verborgene Wünsche erahnen oder die Botschaften von Träumen ergründen, er versteht es auch, sich in blumiger, poetischer und bildhafter Weise auszudrücken. Wenn seine Phantasie ihn beflügelt, kann er mit seinen Geschichten Menschen verzaubern, und wenn ihm etwas wirklich am Herzen liegt, bekommen seine Worte eine Suggestivkraft, der man sich nur schwer entziehen kann. Bei alledem bleibt er unfassbar, letztlich aber auch unberechenbar. Greift man ihn an, weicht er geschickt aus oder gibt nach, um dann in einem unerwarteten Augenblick eine verbale Flutwelle loszulassen, die das Gegenüber ganz einfach wegspült. Natürlich zählt bei solch gefühlsbetontem Denken das innere, subjektive Erleben weit mehr, als es phantasielose Fakten und langweilige Statistiken tun. Für den Wasser-Merkur gibt es keine eindeutigen Wahrheiten, denn für ihn ist grundsätzlich immer alles möglich und vieles wahrscheinlich.

Wo immer es darum geht, Möglichkeiten zu erspüren, Zusammenhänge intuitiv zu erfassen, die Wahrnehmung zu erweitern, mit Illusionen zu verzaubern, Einfühlungsvermögen zu zeigen und Trost zu spenden, zuzuhören oder Geschichten zu erzählen, Phantasie zu entfalten oder verborgene Trends zu erspüren, ist der Wasser-Merkur am richtigen Platz.

Der **Krebs-Merkur** kann gut zuhören, hat viel Phantasie und ein gutes Erinnerungsvermögen, ist in seinen Gedankengängen aber manchmal merkwürdig verschlungen. Der **Skorpion-Merkur** denkt tiefgründig und bohrt so lange, bis er ein Geheimnis gelüftet hat, kann sich dabei aber auch zwanghaft festbeissen. Der **Fische-Merkur** hat oft telepathische Fähigkeiten, kann aber auch mal den roten Faden verlieren.

«Ganz besonders liebe ich die Analogien als meine zuverlässigsten Lehrmeister, die um alle Geheimnisse der Natur wissen.»

Johannes Kepler

Merkur in den Häusern	
Mars	**Interessiert sich für**
im ersten Haus	Anfangsphasen, neue Impulse, Abenteuer, Herausforderungen, Wettbewerb, Bewegung, Pilotprojekte, Verpackung und Profil
im zweiten Haus	Absicherung, Vermögenswerte, körperliches Wohlbefinden, Sicherheit, Handfestes, Handwerk, Natur, Landwirtschaft, Nahrungsmittel, Genuss
im dritten Haus	Kontakte, Bücher und Zeitungen, Abwechslung, Sprachen, Verkehr, Handel, Informationen, Neuigkeiten, Klatsch, Telekommunikation
im vierten Haus	Vergangenheit, Herkunft, Traditionen, innere Prozesse, familiäre Themen, Geschichte, das Unbewusste, Innenräume, Privatsphäre, Seele, Psychologie
im fünften Haus	Kreativität, Bühne, Theater, Kinder, Sport und Spiel, Tanz, Spekulationen, Risiko, Luxus, Vergnügen, Flirts, Show und Effekte, Auftritte und Applaus
im sechsten Haus	Organisatorisches, Gesundheit, Ökonomie, Ernährung, Forschung, Alltägliches, Existentielles, Arbeitsprozesse, Details, Dienstleistungen
im siebten Haus	Zwischenmenschliches, Liebe und Beziehungen, Verträge, Zusammenarbeit, Harmonie, Frieden, Kunst und Kultur, Schönheit, Freizeit, Unterhaltung
im achten Haus	Hintergründiges, Verborgenes, Verbotenes, Verdorbenes, Abgründe, Tiefen, Tabus, Macht und Einfluss, Leben und Tod, Sexualität, Psychologie, Prozesse
im neunten Haus	Religion und Philosophie, Wahrheit, Gerechtigkeit, Sinnsuche, Weiterbildung, Planung, Werbung, Ausland, Reisen, Kulturelles, Exotisches, Bewusstseinserweiterung
im zehnten Haus	Staat und Gesellschaft, Öffentlichkeit, Ruhm und Ehre, Recht und Ordnung, Politik, Erziehungsfragen, Strukturen, Leistungen, Popularität und Autorität, Karriere
im elften Haus	Experimente, Zukunft, Ökologie, Teamwork, Freunde, Gemeinschaften, Vereine, Gruppen, Netzwerke, Trends, Globalisierung, moderne Technik, humanitäre Fragen
im zwölften Haus	Unsichtbares, Heimlichkeiten, Träume, Stille, Spiritualität, Metaphysisches, subtile Prozesse, Randbezirke, Grenzerfahrungen, Jenseits, Musik, Tanz und Malerei

Saturn: Herausforderung und Meisterschaft

Saturn bildet im Horoskop eine Gegenkraft zu Sonne und Mond. Während die beiden persönlichen Planeten für unser Ich, für die bewusste (☉) und für die gemüthafte (☾) Seite unserer Wesensnatur stehen, verkörpert Saturn als Herrscher des zehnten Hauses und damit als Repräsentant des Über-Ichs die Grenzen, die unserem Ich gesetzt werden. Die einschränkende, aber auch strukturgebende Saturn-Funktion erleben wir als Kind zunächst in Form von Regeln und Verboten seitens der Eltern, später von Autoritätspersonen oder der Gesellschaft. Saturns Doppelfunktion besteht darin, dass er den Rahmen setzt, der uns Sicherheit gibt, uns aber zugleich beengt. Wann immer wir uns im Bereich von Saturn entfalten wollen, stossen wir unvermeidlich an Grenzen. Sie zu überwinden gehört zu den grossen Herausforderungen im Leben. Nachhaltig ausweichen können wir ihnen ohnehin nicht, da uns das Schicksal anscheinend im-

mer wieder zu dem Punkt führt, wo der nächste Wachstumsschritt auf uns wartet. Je öfter wir ausweichen, um so grösser wird die Angst.

Im Laufe der Zeit können wir jedoch erkennen, dass es nicht äussere Gesetze und Autoritäten sind, die uns beengten, sondern dass wir selbst diese Grenzen in uns tragen. In dem Masse, wie wir beginnen, das saturnische Ordnungsprinzip besonnen zu akzeptieren und Schritt für Schritt zu integrieren, ordnen wir uns freiwillig in einem angemessenen Rahmen ein und bringen uns damit im wahrsten Sinne des Wortes «in Ordnung».

Saturn in den Häusern

Die Hausposition von Saturn zeigt den Bereich an, in dem wir uns einerseits gehemmt oder blockiert fühlen, dessen Thematik uns andererseits aber auch nicht in Ruhe lässt. Hier investieren wir meist viel Kraft und Energie, um uns und anderen zu beweisen, wozu wir fähig sind. Tatsächlich können die anfänglichen Ängste und die damit verbundenen Einschränkungen durch die ständige Auseinandersetzung allmählich überwunden werden. Gerade weil uns dieser Bereich nicht loslässt, bis wir die Hürde genommen haben, wirkt sich die Hausposition von Saturn häufig auch berufswirksam aus.

Dabei erfolgt die Wandlung in aller Regel in drei Stufen:

1. **Hemmung.** Zunächst erleben wir Saturn als Verbot oder als unüberwindbare Schwelle. Daher vermeiden wir es, so gut es geht, uns im entsprechenden Bereich zu zeigen, aus Angst vor Strafe oder Versagen.

2. **Zwang.** Ein erster Schritt zur Lösung des Saturn-Problems liegt typischerweise in der Kompensation. Das heisst, wir tun aus einem inneren, weitgehend unbewussten Zwang heraus genau das, was uns eigentlich Mühe bereitet. Immerhin bietet diese Phase genügend Möglichkeiten, um dadurch allmählich Übung und auch Sicherheit im Umgang mit der entsprechenden Thematik zu bekommen.

3. **Meisterschaft.** Wenn es uns gelingt, die reine Anti-Haltung der zweiten Phase zu überwinden und im freien und reifen Umgang zu einer Integration der Saturn-Thematik zu finden, liegt darin auch die Chance, in diesem Bereich zu wahrer Meisterschaft zu gelangen.

Saturn im ersten Haus

Problematik: Die Angst, spontan zu sein

Diese Saturn-Stellung steht für die Angst oder Hemmung, sich spontan auszudrücken, offen auf andere zuzugehen oder die Initiative zu ergreifen. Das Leben wird schon früh durch die Brille von Arbeit und Pflicht gesehen. Es besteht die Tendenz, sich anzupassen, eigene Impulse, Aggressionen, aber auch Lebenslust zu unterdrücken, was zu einem nüchternen oder verschlossenen Auftreten führen kann. Auch fällt es schwer, sich den Anforderungen der Umwelt zu entziehen, weil eine Neigung besteht, sich vorschnell zuständig zu fühlen. Gerne wird alles im Alleingang erledigt, werden getroffene Entscheidungen und Handlungen stur verfolgt und gleichzeitig zum Mass aller Dinge gemacht.

Lösung: Respektierung der eigenen Grenzen

In seiner reifen Form gelebt, steht Saturn hier für die Fähigkeit, pragmatisch im Leben zu stehen und dabei enorme Standfestigkeit sowie zähes Durchhaltevermögen zu beweisen. Man versteht es, mit seinen Kräften zu haushalten, weiss, wo die eigenen Grenzen liegen, und kann sich, wenn nötig, auch klar und eindeutig gegen Angriffe von aussen zur Wehr setzen. Es gelingt leicht, sich auf das Wesentliche zu konzentrieren, gezielt und effizient zu handeln und Projekte, die der nüchternen und kritischen Prüfung standhalten, mit Geduld und Ausdauer zu Ende zu bringen.

Saturn im zweiten Haus

Problematik: Die Angst, zu kurz zu kommen

Im zweiten Haus kann Saturn die Genussfähigkeit hemmen, aber auch die Einstellung zu körperlicher Lust, und das Selbstwertgefühl beeinträchtigen. Möglicherweise erwecken karge Umstände oder Verluste in der Kindheit den Eindruck, nicht liebenswert zu sein, was später kein Vertrauen in die eigenen Fähigkeiten zulässt. Auch steht Saturn hier den meisten Veränderungen misstrauisch, skeptisch oder gar feindselig gegenüber, und aus Angst, zu kurz zu kommen, wird ein so starkes Sicherheitsbedürfnis entwickelt, dass es zum Horten von Vorräten aller Art kommt. Dadurch hat auch der Umgang mit Geld oft etwas Zwanghaftes, was zu einer eher spartanischen Lebensweise führt.

Lösung: Stabilität

In seiner gelösten Form verleiht Saturn hier Standfestigkeit und einen verantwortungsvollen Umgang mit materiellen Werten. Eine nüchterne Haltung lässt zwar in finanzieller Hinsicht keine übergrossen Erwartungen zu, sorgt aber dafür, dass mit der Zeit bleibende und solide Ergebnisse entstehen. Durch die kontinuierliche Verwirklichung der gesteckten Ziele festigt sich nach und nach auch das Gefühl der inneren Sicherheit und des Selbstwertes. Darüber hinaus führt diese Haltung zu einem reifen Bewusstsein der eigenen Möglichkeiten und Grenzen und damit zu einem gesunden, genussvollen Umgang mit körperlichen und materiellen Ressourcen.

Saturn im dritten Haus

Problematik: Die Angst, nicht verstanden zu werden

Im Bereich der Kommunikation kann es Saturn erschweren, seine Meinungen und Ansichten mitzuteilen oder für andere verständlich zu machen. Aus Angst, etwas Falsches zu sagen oder zuwenig zu wissen, ist die Ausdrucksweise gehemmt und die gesunde Neugierde gegenüber dem Leben vielfach gebremst. Das kann zu einer Vielzahl von Missverständnissen führen, aber auch zu Denkblockaden, dem Gefühl, «auf der Leitung zu stehen», sowie zu Lern- oder Sprachstörungen, die vor allem die frühe Schulzeit belasten.

Lösung: Konzentration

Jenseits der Hemmschwelle steht Saturn hier für eine präzise Ausdrucksweise, für fundiertes und gut strukturiertes Wissen, für sehr viel Ausdauer beim Lesen, Lernen und Beharrlichkeit beim Suchen und Sammeln von Informationen, um zu tiefen Erkenntnissen vorzudringen. Die Fähigkeit, den roten Faden nicht zu verlieren, Gedanken zu strukturieren und sich klar verständlich auszudrücken, kann zu schriftstellerischer Tätigkeit führen, aber auch zu einem Lehrberuf oder einer Aufgabe im Bereich der Wissens- oder Nachrichtenvermittlung.

Saturn im vierten Haus

Problematik: Die Angst vor emotionaler Nähe

Bei dieser Stellung wurde die häusliche Atmosphäre in der Kindheit oftmals als einengend erlebt, oder es fehlte an emotionaler Wärme.

Vielleicht war es ein strenger Erziehungsstil, eine unnahbare Vaterfigur oder äussere Entbehrungen, die wenig Vertrauen in die eigenen Wurzeln zuliessen. Dadurch ist die Vorstellung, eine eigene Familie zu gründen, oft belastet, aus Angst, den emotionalen Anforderungen nicht gewachsen zu sein. Die Erfahrung einer kargen Kindheit kann auch zum Gefühl der Heimatlosigkeit im Erwachsenenalter führen, nicht zuletzt auf Grund einer Hemmung, sich in den eigenen vier Wänden gemütlich einzurichten und auf Dauer niederzulassen.

Lösung: Innere Stärke

Saturn in seiner reifen Form steht hier für die Fähigkeit, gut für sich und seine Bedürfnisse sorgen zu können, aber auch für die Bereitschaft, Verantwortung für die eigene Familie zu übernehmen, sich im vertrauten Kreis emotional zu öffnen und sich fürsorglich um Menschen zu kümmern, die Zuwendung oder Schutz brauchen. Das eigene Zuhause wird als ein sicherer Ort erlebt, als ein geschützter Platz, an den man sich zurückziehen und von den Anforderungen der Aussenwelt erholen kann. Seelische Geborgenheit ist weitgehend unabhängig von äusseren Umständen, und es besteht ein klares Bewusstsein dafür, wie die eigenen emotionalen Bedürfnisse befriedigt werden können.

Saturn im fünften Haus

Problematik: Die Angst, sich zu blamieren

Bei dieser Saturn-Stellung fällt es nicht leicht, Spontaneität und Kreativität unbeschwert zum Ausdruck zu bringen. Vielleicht hatten Spiel und Spass schon in der Kindheit wenig Platz. In jedem Fall erzeugt die Angst, sich zu blamieren, nicht anzukommen oder sonstwie zu versagen grosses Lampenfieber vor Situationen, in denen man im Mittelpunkt der Aufmerksamkeit steht. Stets muss das Risiko kalkulierbar sein, man geht lieber auf Nummer Sicher, und was immer verspielt beginnt, wird schnell einmal ernst. Natürlich wird dadurch vieles gar nicht erst versucht, die Kreativität verkümmert und die Lebensfreude versiegt.

Lösung: Professionalität

In seiner gereiften Form steht Saturn hier für die gelungene Verbindung von Disziplin und Kreativität, die zu Professionalität in all jenen Bereichen führt, in denen Selbstausdruck und Selbstdarstellung verlangt sind. Wo immer etwas vorgebracht oder vorgetragen wird, in gestalterischen Bereichen ebenso wie im künstlerischen Schaffen, verhindert dieser Saturn peinliche oder verfrühte Auftritte und sorgt dafür, dass durch Disziplin und Ernsthaftigkeit ausgereifte Kreationen entstehen können, die souverän und überzeugend vorgetragen werden.

Saturn im sechsten Haus

Problematik: Die Angst, nicht zu genügen

Bei dieser Saturn-Stellung liegen die Schwierigkeiten allem voran im beruflichen Alltag, möglicherweise aber auch im Bereich der Gesundheit. Die Angst, nicht gebraucht zu werden oder einfach nicht genug zu leisten, kann zu körperlicher Überforderung führen, weil man glaubt, stets die schwerste Arbeit tun zu müssen, die alle anderen liegengelassen haben. Der eigene Perfektionsanspruch lässt einen auch fremde Leistungen kritisch beurteilen und erschwert es, Aufgaben einfach an andere zu delegieren. Die Flucht in die Krankheit ist häufig die einzige «Entschuldigung», um den alltäglichen Belastungen zeitweise auszuweichen.

Lösung: Tüchtigkeit

In seiner reifen Form steht Saturn hier für gutes Organisationstalent und eine gesunde, pragmatische Einstellung gegenüber den alltäglichen Anforderungen und Notwendigkeiten des Lebens. Genauigkeit, ein scharfer Blick fürs Detail, Beharrlichkeit und die Fähigkeit, den roten Faden nicht zu verlieren, prägen die Arbeitsmethodik. Gewissenhaftigkeit und ein gereiftes Verantwortungsbewusstsein kennzeichnen nicht nur die Haltung gegenüber Kollegen, Vorgesetzten und den beruflichen Aufgaben, sondern bestimmen auch den Umgang mit der körperlichen und seelischen Gesundheit.

Saturn im siebten Haus

Problematik: Die Angst vor Zurückweisung

Diese Konstellation zeigt starkes Misstrauen im Bereich von Liebe und Partnerschaft. Meist fällt es schwer, spontan Beziehungen aufzunehmen, aus Angst, im Austausch mit anderen mehr geben zu müssen als zu bekommen. Zudem besteht der Eindruck, beim andern

Geschlecht nicht anzukommen, nicht liebenswert zu sein oder im zwischenmenschlichen Bereich ganz einfach zu versagen. Das ständige Fordern von Liebesbeweisen kann damit ebenso zu den problematischen Auswirkungen dieser Konstellation gehören wie eine stolze Reserviertheit oder gar der resignierte Rückzug in die Einsamkeit.

Lösung: Dauerhafte Beziehungen

Auch in seiner reifen Form verleitet Saturn hier kaum dazu, gleich in jede Beziehung zu springen. Erst nach angemessener Bewährungszeit und eingehender Prüfung entsteht die Bereitschaft, eine feste Bindung einzugehen. Die erweist sich dafür in aller Regel als dauerhaft, weil sie nicht von unrealistischen Erwartungen überfordert wird und genügend Realitätssinn besteht, um auch in kritischen Zeiten nicht davonzulaufen, sondern bewusst an der Partnerschaft zu arbeiten. Die Bereitschaft, Verantwortung zu übernehmen und sich andern gegenüber loyal und fair zu verhalten, erweist sich sowohl privat als auch beruflich als solide Grundlage für reife und beständige Verbindungen.

Saturn im achten Haus

Problematik: Die Angst vor Kontrollverlust

Bei dieser Saturn-Stellung besteht eine grosse Angst vor allen Abgründen des Lebens und insbesondere davor, die Kontrolle zu verlieren und in schwierigen oder unsicheren Situationen anderen hilflos ausgeliefert zu sein. Vielleicht sind es emotionale oder materielle Verlusterfahrungen der Kindheit, die schon früh zu einem Bewusstsein der Vergänglichkeit führten, oder andere existentielle Krisen, die als Ohnmacht gegenüber äusserer Bedrohung empfunden wurden. Doch auch die Angst vor den unkontrollierbaren dunklen Seiten der eigenen Wesensnatur ist stark ausgeprägt. Da jedes «Sich-fallen-Lassen» möglichst vermieden wird, kann auch die sexuelle Erlebnisfähigkeit reduziert sein.

Lösung: Krisenfestigkeit

In gewandelter Form zeigt sich Saturn hier als Symbol innerer Standfestigkeit, die gerade in Krisen und tiefen Wandlungserlebnissen noch gestärkt wird. Die beharrliche Auseinandersetzung mit den dunklen Seiten des Lebens und der eigenen Schattennatur führt zur

Aussöhnung mit dem Unvermeidbaren und einer tiefen Einsicht in die Notwendigkeit des Stirb-und-Werde. Daraus erwächst die Fähigkeit, auch anderen in Krisen verantwortungsvoll zur Seite zu stehen und über anvertraute Sorgen und Geheimnisse sowohl im privaten wie im beruflichen Bereich ganz selbstverständlich zu schweigen.

Saturn im neunten Haus

Problematik: Die Angst vor Ideologien

Hier besteht die Angst, auf den falschen Weg zu geraten, die Wahrheit zu verfehlen und letztlich an der Sinnlosigkeit des Daseins zu scheitern. Oft herrscht als Folge einer allzu engstirnigen religiösen Erziehung ein dogmatisches, verschlossenes Weltbild vor, das sich gegenüber geistiger Suche, anderen Meinungen und fremden Kulturen kategorisch abgrenzt, aus Angst, ideologisch vereinnahmt und in die Irre geführt zu werden. Ebenso aber kann die Religion an sich zum Feindbild werden, das mit geradezu heiliger Verbissenheit bekämpft wird und zu einer starren Haltung gegenüber Glaubensvertretern oder anderen geistigen Autoritäten führt.

Lösung: Überzeugungskraft

Die ernsthafte Auseinandersetzung mit religiösen und philosophischen Fragen und die kritische Reflexion dieser Themen führen hier in der gereiften Form zu lebendiger Glaubensfestigkeit und zu echter Autorität in Sinnfindungsfragen. Andere Meinungen werden nicht mehr als Bedrohung erlebt und lösen auch nicht ständig eine Verunsicherung der persönlichen Überzeugungen aus. Der eigene Weg wird vertrauensvoll und geradlinig verfolgt, und es besteht kein Zwang mehr, sich gegen Fremdes oder Unbekanntes kategorisch abzugrenzen oder anderen die eigene Wahrheit überstülpen zu müssen.

Saturn im zehnten Haus

Problematik: Die Angst zu versagen

Mit dieser Saturn-Stellung ist oft die Angst verbunden, den Anforderungen der Gesellschaft nicht zu genügen und in der Öffentlichkeit blossgestellt zu werden. Da die Erziehung vielfach von Leistung und Pflichterfüllung geprägt war, sind die Ansprüche an die eigene Person auch im späteren Leben noch lange überhöht und fremdbestimmt. Dadurch wird immer wieder versucht, Ziele verbissen im Alleingang zu erreichen, ohne Kompromisse oder die Unterstützung anderer. Öffentliche Auftritte werden aus Angst vor Versagen und Kritik lieber vermieden, auch wenn der starke Wunsch nach Anerkennung gleichzeitig immer wieder Situationen herbeiführt, wo es darum geht, sich zu exponieren.

Lösung: Echte Autorität

In seiner reifen Form führt dieser Saturn dazu, die eigenen Grenzen zu akzeptieren und dadurch mehr Sicherheit sowie tiefe Einsicht in seine wahren Möglichkeiten zu gewinnen. Aus dieser Erfahrung erwächst allmählich eine echte innere Autorität, verbunden mit der Bereitschaft, an die Öffentlichkeit zu treten und gesellschaftlich Verantwortung zu übernehmen. Man muss nun nicht länger perfekt sein, kann mit Kritik sachlich und objektiv umgehen und wird dabei auch anderen gegenüber toleranter. Ziele werden ohne Starrsinn, aber mit Konsequenz und Ausdauer verfolgt, auftretende Widerstände mit gesunder Beharrlichkeit überwunden.

Saturn im elften Haus

Problematik: Die Angst, nicht dazuzugehören

Bei dieser Saturn-Position besteht häufig der Eindruck, selbst im Kreise Gleichgesinnter ein Aussenseiter zu sein. Man befürchtet, ausgenutzt zu werden oder unverdientermassen in eine Sündenbockrolle zu kommen. Tatsächlich verbergen sich dahinter häufig Kindheitserfahrungen, in denen man immer wieder isoliert dastand, weil beispielsweise freundschaftliche Verbindungen aus unverständlichen Gründen plötzlich abgebrochen wurden. Das führt im Erwachsenenalter nicht selten zu Zurückhaltung und Berührungsängsten in Gruppensituationen und der Tendenz, Freundschaften eher misstrauisch gegenüberzustehen.

Lösung: Wahre Freundschaft

In seiner gelösten Form steht Saturn hier für die Fähigkeit, einerseits wahre Individualität zu entwickeln, sich aber andererseits ebenso für humanitäre Anliegen und Gruppeninteressen zu engagieren. Vor allem im Bekanntenkreis kann grosse Beständigkeit und ein echtes Verantwortungsgefühl gegenüber Freunden und gemeinschaftlichen Zielen entwickelt werden, ohne dass die eigenen Interessen oder die Persönlichkeit sich dadurch ständig bedroht fühlt. So lassen hier dauerhafte und tiefe Freundschaften, loyales Verhalten und Verantwortung gegenüber globalen Problemen den gereiften Saturn erkennen.

Saturn im zwölften Haus

Problematik: Die Angst vor dem Unfassbaren

Bei dieser Konstellation löst alles Chaotische oder Unfassbare starke Ängste aus und führt zum Bedürfnis, Irrationales auf eine greifbare Form zu reduzieren und dadurch fassbar oder erklärbar zu machen. Dieser Saturn steht auch für unerklärliche Schuldgefühle, hinter denen sich oft ein vorgeburtliches Trauma oder Überforderungen aus der frühen Kindheit verbergen. Womöglich wurden persönliche Opfer verlangt, die das Kind nicht erbringen konnte und damit «schuldig blieb». So kann das kosmische Urvertrauen gestört sein, aber auch die Hingabefähigkeit an Träume, Phantasien und andere Erfahrungen irrationaler Art.

Lösung: Urvertrauen

In seiner reifen Form führt Saturn hier zum Rückzug in die Stille, wo er tiefe spirituelle und transzendente Erfahrungen ermöglicht. Durch die bewusste Auseinandersetzung mit dem chaotischen Urgrund und der grenzenlosen Tiefe und Weite des Unbewussten erwachsen allmählich innere Festigkeit und das tiefe Vertrauen, Teil eines grösseren Ganzen zu sein. Alleinsein wird so zum All-eins-Sein und führt zur Erkenntnis, dass man von kosmischen Kräften getragen und geführt wird. Eine Erfahrung, die zu tiefer Demut und grossem Respekt gegenüber aller Kreatur führen kann, ohne die Gefahr, sich dabei völlig aufzuopfern oder sich grenzenlos zu verlieren.

Die Kombination von MC und AC

Berufliche Herausforderungen und Chancen

Während der Aszendent den östlichen Horizont anzeigt, ist der Beginn des zehnten Hauses die Himmelsmitte, lateinisch Medium coeli, kurz MC genannt. Dieser höchste Punkt bildet den Gegenpol zum Mitternachtspunkt, dem Immum coeli (IC), dem Beginn des vierten Hauses. Dieser Tiefpunkt entspricht der Herkunft, der Sippe, der Heimat, der Kindheit und damit ganz allgemein dem *Woher,* wogegen die Himmelsmitte das *Wohin* symbolisiert, welche deshalb auch oft als Lebensziel bezeichnet wird, allerdings weniger im Sinne einer bewusst erstrebten Vorstellung als vielmehr im Sinne einer Thematik, eines Erlebens oder einer Haltung, zu welcher der Lebensweg hinführt. Der saturnalen Qualität des zehnten Hauses entsprechend gibt der MC auch Auskunft über die Bereitschaft, Verantwortung zu übernehmen, sowie ganz generell über Berufsziele und Aufgaben, zu denen wir uns *berufen* fühlen. Hier gliedern wir uns ins gesellschaftliche Netz ein, lassen uns auch in die Pflicht nehmen und erhalten als Gegenleistung dafür meist Bedeutung, Anerkennung, soziale Sicherheit und unseren Platz in der Gesellschaft.

Zwischen der Himmelsmitte eines Horoskops und dem Aszendenten besteht naturgemäss ein enges Verhältnis, und weil sie dem Sonnenaufgangs- und dem Mittagspunkt entsprechen, sind ihre Kombinationsmöglichkeiten eingeschränkt. Es gibt deshalb für jeden MC nur wenige Zeichen, die als Aszendent in Frage kommen. Wie die Zielsetzung der jeweiligen Himmelsmitte sich mit den einzelnen Aszendententypen verträgt, wird nachfolgend für alle Kombinationen beschrieben, die auf der nördlichen Halbkugel bis zum 60. Breitengrad möglich sind (in der Nähe der Pole nehmen unsere Häusersysteme bekanntlich so extreme Formen an, dass diese Breitengrade hier unberücksichtigt bleiben). Natürlich ist das Zusammenspiel mit dem Aszendenten nicht der einzige wichtige Faktor, den es in bezug auf die Verwirklichung der MC-Thematik zu betrachten gilt. So stellt sich bei den beschriebenen Zielen auch die Frage, inwieweit diese durch die Stellung der Sonne und andere wichtige Konstellationen unterstützt, beeinträchtigt oder blockiert werden.

MC in Widder

Pionierarbeit

Für Menschen mit einem Widder-MC wird es im Laufe des Lebens immer wichtiger, der Welt konfliktbereit und mutig zu begegnen. Hier geht es darum, Neuland zu erobern, Pionierarbeit zu leisten, sich Herausforderungen zu stellen und in den Wettkampf oder die Konkurrenz mit anderen zu treten. Beherzte Risikofreude und Spontaneität werden zunehmend an Bedeutung gewinnen und so mehr und mehr das Vertrauen in die eigene Kraft stärken. Sie werden immer wieder gefordert, mutig Entscheidungen zu treffen und auch dort entschlossen Profil zu zeigen und Position zu beziehen, wo mit Widerstand oder Konflikten zu rechnen ist. Die Berufung dieser Menschen liegt somit in allen Bereichen, in denen sie sich als Erneuerer oder Einzelkämpfer profilieren können, wo sie mit Direktheit ihr Ziel erreichen, und natürlich überall dort, wo schnelles Handeln und Risikobereitschaft gefragt sind. *Mars* als Zeichenherrscher zeigt durch seine Hausposition an, in welchem Bereich die Widder-Energie am ehesten ihren Ausdruck findet.

Für den **Krebs-Aszendenten** ist der Weg zur mutigen Konfliktbereitschaft nicht einfach. Da er um seine grosse Verletzbarkeit weiss, agiert er von Natur aus vorsichtig. Doch obwohl er verschlungene Pfade jeder Gradlinigkeit vorzieht und lieber indirekt vorgeht, wird er lernen müssen, sich mehr und mehr auch direkten Konfrontationen zu stellen.

Für den **Löwe-Aszendenten** liegen diese Ziele hingegen nahe, weil sie seinem feurigen Temperament durch und durch entsprechen. Er wird sich bei der ihm angeborenen Siegesgewissheit bestenfalls wundern, dass er tatsächlich immer wieder aufs Neue beweisen muss, dass er der Beste ist.

Persönlichkeiten mit Widder-MC

Aszendent Krebs: Yasir Arafat (☉ in ♍), Erich von Däniken (☉ in ♈), Giuseppe Garibaldi (☉ in ♋), Salvador Dalí (☉ in ♉), Francisco de Goya (☉ in ♈)

Aszendent Löwe: Pierre Brice (☉ in ♒), Lex Barker (☉ in ♉), Boris Jelzin (☉ in ♒), Pablo Picasso (☉ in ♏), Fritz Perls (☉ in ♋), Meryl Streep (☉ in ♋) Leo Trotzki (☉ in ♏), Mick Jagger (☉ in ♌)

MC in Stier

Solides Handwerk

Für Menschen mit einem Stier-MC wird es im Laufe des Lebens immer wichtiger werden, Geduld zu entfalten, Ausdauer zu beweisen und einen pragmatischen Sinn für das Machbare zu entwickeln. Aber auch Sinnlichkeit und Lebensgenuss, die Liebe zum Vertrauten und ein gutes Mass an Stabilität und Sicherheit gehören zu den Zielen dieser Himmelsmitte. Die Treue zur einmal gewählten Aufgabe und den Sinn für das Solide gilt es ebenso zu entwickeln wie die Freude, einen Acker im eigentlichen oder übertragenen Sinn zu bestellen und zu pflegen. Dazu gehört auch der Umgang mit Vermögenswerten und natürlichen Ressourcen. Die Berufung dieser Menschen liegt somit überall dort, wo es weniger darum geht, ständig Neuland zu betreten oder schnelle Ergebnisse zu erzielen, sondern vielmehr dort, wo Ziele mit Beharrlichkeit und in bewährter, traditioneller Weise verfolgt werden. *Venus* als Zeichenherrscherin zeigt durch ihre Hausposition an, in welchem Bereich die Stier-Energie am ehesten ihren Ausdruck findet.

Für den **Löwe-Aszendenten** liegt darin eine gewisse Herausforderung, weil er geduldiges Warten für seine Wichtigkeit als ziemlich ungebührend empfindet. Zudem erscheint ihm das Stierhafte stets ein wenig geizig oder etwas konservativ, wohingegen der Genuss ein Lebensziel ist, dem er sich leicht zuwenden kann.

Gerade darin liegt die Herausforderung für den **Jungfrau-Aszendenten,** dem die anderen erdhaften Stierziele wohl behagen, dessen nüchterner, auf Zweckmässigkeit und Gesundheit ausgerichteter Lebensinstinkt sich aber nur zögernd der barocken Fülle und dem sinnlichen Schwelgen stierhafter Lebensfreude öffnen kann.

Persönlichkeiten mit Stier-MC

Aszendent Löwe: Giorgio Armani (☉ in ♋), Marilyn Monroe (☉ in ♊), Donald J. Trump (☉ in ♊), Rudolf Diesel (☉ in ♓), Luciano Pavarotti (☉ in ♎)

Aszendent Jungfrau: Carl Friedrich Benz (☉ in ♐), Agatha Christie (☉ in ♍), Antonio Gaudí (☉ in ♋), Woody Allen (☉ in ♍), Louis Malle (☉ in ♏)

MC in Zwillinge

Vielseitigkeit

Für Menschen mit Zwillinge-MC wird es im Laufe des Lebens zunehmend wichtiger, intellektuelle Neugierde, Vielseitigkeit und Freude am Gedankenaustausch zu entfalten. Das kann dazu führen, dass sie mehreren Aufgaben nachgehen, wenn sie nicht gar versuchen, sie zeitgleich zu erledigen. So entspricht dieser Himmelsmitte auch der «Patchworkjob» oder temporäre Arbeitseinsätze, die zwar einiges an Flexibilität fordern, dafür aber auch genügend Abwechslung versprechen. Sich über aktuelle Zeitströmungen stets auf dem laufenden zu halten, Kontakte zu knüpfen, schnell zu handeln und manchmal auch zu «tricksen» sind weitere typische Merkmale dieser Entwicklungsaufgabe. Die Berufung dieser Menschen liegt somit überall dort, wo unterrichtet und gelehrt wird, wo Verträge ausgehandelt werden, wo es auf gute Formulierung ankommt oder geschickt argumentiert werden muss. Aber auch in all jenen Bereichen, wo Nachrichten, Informationen und Wissen gesammelt, verarbeitet und weitergegeben werden. *Merkur* als Zeichenherrscher zeigt durch seine Hausposition an, in welchem Bereich die Zwillinge-Energie am ehesten ihren Ausdruck findet.

In unseren Breiten ist es allein der **Jungfrau-Aszendent,** bei dem die Himmelsmitte in Zwillinge stehen kann. Da beide Zeichen von Merkur beherrscht werden, liegt in dieser Zielsetzung scheinbar keine allzugrosse Herausforderung. Der Jungfrau-Aszendent muss allerdings lernen, über das reine Nützlichkeitsdenken hinaus auch Interesse für Themen und Neuigkeiten zu entwickeln, die einfach nur neu, aber zunächst scheinbar wertlos sind und es manches Mal auch bleiben. Die Schwierigkeit liegt hier also in der elementaren Spannung, die dazu auffordert, die erdhafte Nüchternheit der Jungfrau durch die luftige Leichtigkeit der Zwillinge etwas aufzulockern.

Persönlichkeiten mit Zwillinge-MC

Aszendent Jungfrau: Ernest Hemingway (☉ in ♋), Silvio Berlusconi (☉ in ♎), Wolfgang Amadeus Mozart (☉ in ♒), Käthe Kollwitz (☉ in ♋), Albert Camus (☉ in ♏), Walt Disney (☉ in ♐), Federico Fellini (☉ in ♑), Madonna (☉ in ♌)

MC in Krebs
Heimarbeit

Für Menschen mit einem Krebs-MC wird es im Laufe des Lebens immer wichtiger, Herzenswärme und Gefühlstiefe zu entwickeln und einfühlend, mitfühlend, fürsorglich, sensibel oder auch tief romantisch zu werden. Das Interesse an inneren Bildern, an Traumwelten sowie die Auseinandersetzung mit den Geheimnissen und Rätseln des Unbewussten gehören ebenso zu den Themen dieser Himmelsmitte wie Weiblichkeit, Kinder, Familie, Sippe und Herkunft. So kann für diese Menschen die Berufung in all jenen Bereichen liegen, in denen es darum geht, Träumen und Phantasien kreativ Ausdruck zu verleihen, aber auch dort, wo Heimat und Brauchtum gepflegt werden, wo es gilt, ein Zuhause zu schaffen oder in anderer Weise dafür zu sorgen, dass Menschen sich aufgehoben, wohl, geschützt und geborgen fühlen. Der *Mond* als Zeichenherrscher zeigt durch seine Hausposition an, in welchem Bereich die Krebsenergie am ehesten ihren Ausdruck findet.

Für den **Waage-Aszendenten,** der auf der nördlichen Halbkugel einzig einen Krebs-MC haben kann, liegt die Herausforderung im «Auftauen». Statt sich nur freundlich und charmant zu zeigen, dabei aber wie durch eine Glasscheibe getrennt und emotional unerreichbar zu bleiben, gilt es sich berühren zu lassen, auch auf die Gefahr hin, dadurch verletzt zu werden. Das fällt diesem luftigen Zeichen nicht leicht, da es zwar sehr auf seine Umwelt bezogen ist, dabei aber immer eine gebührende Distanz wahrt und sich mit seinen eigenen Bedürfnissen andern nur schwer zumuten kann. In kreativer Weise verbinden sich diese beiden Themenbereiche dort, wo das ästhetische Empfinden des Waage-Aszendenten den Phantasien und Träumen des Krebses in Bildern und Poesie zum künstlerischen Ausdruck verhilft.

Persönlichkeiten mit Krebs-MC

Aszendent Waage: Leonard Bernstein (☉ in ♍), Jacques Cousteau (☉ in ♊), Erich Fromm (☉ in ♈), Juliette Greco (☉ in ♒), Anais Nin (☉ in ♓), Andreas Vollenweider (☉ in ♎), Stevie Wonder (☉ in ♉), Bill Clinton (☉ in ♌)

MC in Löwe

Karriere

Für Menschen mit einem Löwe-MC wird es mit zunehmendem Alter immer wichtiger, Souveränität und Selbstvertrauen zu entwickeln, sich vorbildlich oder führend in den Mittelpunkt zu stellen und bekannt, wenn nicht gar berühmt zu werden. Je selbstverständlicher sie dabei zu ihrem Führungsanspruch stehen, desto leichter werden sie von ihrer Umgebung als natürliche Autoritäten akzeptiert. Grosszügigkeit, Luxus, Optimismus und Lebensfreude gehören hier ebenso zur Entwicklungsaufgabe wie die Fähigkeit, das Leben spielerisch und lustvoll zu gestalten. Ihre Berufung können diese Menschen somit überall dort finden, wo sie auf der Bühne oder im Rampenlicht stehen, wo es zu repräsentieren oder zu inszenieren gilt und wo Souveränität und beherztes Engagement verlangt werden, aber auch dort, wo es darum geht, Menschen zu führen, ihnen Mut zu machen oder Lebensfreude zu vermitteln. Die *Sonne* als Zeichenherrscherin zeigt durch ihre Hausposition an, in welchem Bereich die Löwe-Energie am ehesten ihren Ausdruck findet.

Ein **Waage-Aszendent** hat mit dieser Aufgabenstellung keine nennenswerten Schwierigkeiten. Er bewegt sich charmant auf dem gesellschaftlichen Parkett und versteht es, durch seine Kompromissfähigkeit und diplomatisches Geschick andere für sich und seine Ideen zu gewinnen.

Für den **Skorpion-Aszendenten** liegt dagegen eine nicht unerhebliche Herausforderung in der zu entwickelnden Grosszügigkeit, vor allem aber darin, zu seinem Machtanspruch zu stehen, statt als graue Eminenz aus dem Hintergrund zu wirken oder nur mittels versteckter Manipulation Einfluss zu nehmen.

Persönlichkeiten mit Löwe-MC

Aszendent Waage: Christian Dior (☉ in ♒) Thomas Gottschalk (☉ in ♉), Alfred Nobel (☉ in ♎), Frank Sinatra (☉ in ♐), Adolf Hitler (☉ in ♉)

Aszendent Skorpion: Marc Chagall (☉ in ♋), Grace Kelly (☉ in ♏), Jacqueline Kennedy (☉ in ♌), Prince (☉ in ♊), Niki de Saint Phalle (☉ in ♏), Claudia Schiffer (☉ in ♍)

MC in Jungfrau

Feinarbeit

Für Menschen mit einem Jungfrau-MC wird es im Laufe des Lebens immer wichtiger, dass sie sich nützlich machen und eingliedern, sich wenn nötig anpassen und ihre Fähigkeiten in den Dienst einer konkreten Aufgabe von allgemeinem Interesse stellen. Aber auch die Liebe zum Detail, praktische Alltagsbewältigung, ein gesundes Mass an Perfektionismus, Nüchternheit und Zuverlässigkeit und die Freude, bestimmte Sachverhalte genauestens zu erforschen, gehören zu den Themen dieser Himmelsmitte. Dabei wird ihnen sorgfältiges Arbeiten und die Erfüllung ihrer Pflicht auch das Gefühl vermitteln, verdientermassen einen Platz in der Gesellschaft einzunehmen. Ihre Berufung finden diese Menschen überall dort, wo Sorgfalt, analytisches Denken und Fachwissen verlangt werden, aber auch in Positionen, wo man in der zweiten Reihe steht und die Entwürfe, Projekte und Pläne anderer auf ihre Machbarkeit hin überprüft, oder wo es darum geht, einen Organismus durch richtige Pflege und optimales Funktionieren gesundzuerhalten. *Merkur* als Zeichenherrscher zeigt durch seine Hausposition an, in welchem Bereich die Jungfrau-Energie am ehesten ihren Ausdruck findet.

Für den **Skorpion-Aszendenten** wird die Herausforderung vor allem in der Eingliederung und der Anpassung liegen, weil das im Widerspruch zu seinem angeborenen Machtstreben steht. Darüber hinaus kann ihm alles Jungfrauhafte erst einmal viel zu prüde und langweilig erscheinen.

Der **Schütze-Aszendent** befürchtet dagegen eher ein Absinken in die alltägliche Bedeutungslosigkeit. Seiner hochstrebenden Natur erscheinen die Jungfrau-Themen auf den ersten Blick so profan und unspektakulär, dass ihn diese eher nüchternen Ziele lange Zeit nicht sonderlich begeistern.

Persönlichkeiten mit Jungfrau-MC

Aszendent Skorpion: Margaret Thatcher (☉ in ♎), Johann Wolfgang von Goethe (☉ in ♍), Liz Greene (☉ in ♍), Wassily Kandinsky (☉ in ♐), Maria Callas (☉ in ♐), Camille Claudel (☉ in ♐), Simone de Beauvoir (☉ in ♑)

Aszendent Schütze: Friedrich Hölderlin (☉ in ♈), Rudolf Scharping (☉ in ♐), Charles Lindbergh (☉ in ♒)

MC in Waage

Teamwork

Für Menschen mit einem Waage-MC wird es im Laufe des Lebens zunehmend wichtiger, inneren und äusseren Frieden sowie Harmonie und Leichtigkeit zu finden, aber auch, sich mehr und mehr der Welt der Kunst und Ästhetik zuzuwenden. Die Aufforderung, auf andere zuzugehen, charmant Kontakte zu knüpfen und Verbindungen zu pflegen, gehört ebenso zu dieser Himmelsmitte wie die Bereitschaft, Missklänge zu überwinden, Unausgewogenheiten auszugleichen und friedliche Strategien zu entwickeln, um Konflikte zu schlichten. Dabei gewinnt die Zusammenarbeit in einem vertrauten Team gegenüber dem beruflichen Alleingang immer mehr an Bedeutung. Ihre Berufung finden diese Menschen somit vor allem in der Welt der Musen, der Kunst und der Kultur sowie überall dort, wo es gilt, Schönheit in die Welt zu tragen, verfeinerte Ästhetik und gepflegten Umgang zu fördern, diplomatisches Geschick zu beweisen oder aber Frieden zu stiften. *Venus* als Zeichenherrscherin zeigt durch ihre Hausposition an, in welchem Bereich die Waage-Energie am ehesten ihren Ausdruck findet.

Die grösste Herausforderung bedeuten diese Ziele für den bei diesem MC seltenen **Skorpion-Aszendenten,** der alles Moderate als lau verachtet, weil er die Extreme liebt, und bei dem Friedfertigkeit und Ästhetik stets im Verdacht stehen, nur oberflächlich oder vordergründig zu sein.

Für den **Schütze-Aszendenten** dagegen scheinen diese Ziele massgeschneidert zu sein, geben sie ihm doch genügend Möglichkeiten, sich als gut, gebildet und weltoffen zu zeigen.

Der **Steinbock-Aszendent** fühlt sich oftmals zu schwer oder auch zu steif für die Leichtfüssigkeit der Waage-Welt. Er schätzt jedoch den guten Stil und kann sich auch leicht für ästhetische oder kulturelle Themen begeistern.

Persönlichkeiten mit Waage-MC

Aszendent Schütze: Henry Dunant (☉ in ♉), Gabrielle Chanel (☉ in ♌), Brigitte Bardot (☉ in ♎), Mutter Theresa (☉ in ♍), Jean-Paul Sartre (☉ in ♊), Michelangelo (☉ in ♓), Lady Diana (☉ in ♋)

Aszendent Steinbock: Yehudi Menuhin (☉ in ♉), Enrico Caruso (☉ in ♓), Mao Tse Tung (☉ in ♑)

MC in Skorpion

Prozessarbeit

Für Menschen mit einem Skorpion-MC wird es mit zunehmendem Alter immer wichtiger, zu tieferen Wahrheiten vorzudringen, Wandlungsprozesse zu durchlaufen, Geheimnisse zu lüften und sich an Tabubereiche heranzuwagen. Der Umgang mit Macht, die Auseinandersetzung mit dem Stirb-und-Werde gehören ebenso in diesen Themenkreis wie die Bereitschaft, krasse Positionen zu beziehen und risikobereit zu sein. Diese Himmelsmitte fordert dazu auf, die eigenen Grenzen auszuloten, markante Akzente zu setzen und in tiefgründiger, wenn nicht gar suggestiver Weise auf das öffentliche Leben und gesellschaftliche Entwicklungen Einfluss zu nehmen. Wo immer es darum geht, Tiefe, Leidenschaft und Engagement zu zeigen, wo immer Transformationsprozesse ablaufen oder scheinbar Wertloses recycelt wird, können diese Menschen ihre Berufung finden. *Pluto* als Zeichenherrscher zeigt durch seine Hausposition an, in welchem Bereich die Skorpion-Energie am ehesten ihren Ausdruck findet.

Für den **Schütze-Aszendenten** bedeuten diese Themen eine grosse Herausforderung, weil er sich eigentlich zu erhaben fühlt, um in derartige Abgründe hinabzusteigen. Da er in diesen Tiefen jedoch auch Sinnerfahrungen machen kann, wird er sie mit der Zeit als höchst bereichernd und wertvoll erleben.

Dem sachlichen **Steinbock-Aszendenten** ist die Auseinandersetzung mit der Vergänglichkeit ebenso vertraut wie die verlangte Konsequenz. Im Umfeld der Macht wird sich zeigen, ob er diese verantwortungsvoll ausübt, despotisch missbraucht oder gar ihr Opfer wird.

Das grösste Problem mit diesen Zielen hat der **Wassermann-Aszendent,** da ihm sowohl Tiefe wie auch Verbindlichkeit zunächst einmal zuwider sind. Kann er diese Vorbehalte überwinden, gelingt es gerade ihm, Dinge von Grund auf zu revolutionieren oder Neuerungen durchzusetzen und dadurch wichtige gesellschaftliche Veränderungen herbeizuführen.

Persönlichkeiten mit Skorpion-MC

Aszendent Schütze: David Ben-Gurion (☉ in ♎), Gustav Mahler (☉ in ♋)

Aszendent Steinbock: Machiavelli (☉ in ♉), Josef Stalin (☉ in ♑), Claude Chabrol (☉ in ♋)

Aszendent Wassermann: C. G. Jung (☉ in ♌), Jiddu Krishnamurti (☉ in ♉), Che Guevara (☉ in ♊)

MC in Schütze

Überzeugungsarbeit

Für Menschen mit einem Schütze-MC wird es im Laufe der Zeit immer wichtiger, Sinnfragen nachzugehen, die geistigen und räumlichen Horizonte zu erweitern, Optimismus zu entwickeln und mit einem gesunden Gottvertrauen im Leben zu stehen. Ethische und moralische Werte werden für sie ebenso an Bedeutung gewinnen wie Fragen der Gerechtigkeit. Die Auseinandersetzung mit Themen jenseits vertrauter Denkmuster lässt sie zunehmend weltoffener und freier werden, und vielleicht führt sie ihr beruflicher Weg auch ins Ausland. Die Berufung dieser Menschen liegt in allen Bereichen, die mit internationalen Geschäften, fremden Sprachen und weltweiten Kontakten zu tun haben, aber auch überall dort, wo Werte oder Glaubensbotschaften vermittelt werden und starke Überzeugungen, Optimismus oder Begeisterung gefragt sind. *Jupiter* als Zeichenherrscher zeigt durch seine Hausposition an, in welchem Bereich die Schütze-Energie am ehesten ihren Ausdruck findet.

Für den **Steinbock-Aszendenten** liegt die grösste Herausforderung darin, über sein angeborenes Misstrauen und die nüchterne bis pessimistische Grundhaltung hinauszuwachsen und durch den Glauben an Wachstum und Fortschritt allmählich Vertrauen und Optimismus zu entfalten.

Der **Wassermann-Aszendent** dagegen tut sich leicht mit diesen Zielen, wobei sein Weltbild eine ungewöhnliche, wenn nicht sogar revolutionäre Perspektive haben wird und er durchaus eigenwillige Werte vertritt.

Dem **Fische-Aszendenten** bleibt zwar das Wertende des Schützehaften fremd, dafür lässt ihn seine Medialität instinktsicher die Botschaften finden, die für ihn und andere sinnvermittelnd sind.

Persönlichkeiten mit Schütze-MC

Aszendent Steinbock: Shirley Bassey (☉ in ♑), Tom Jones (☉ in ♊), Wjatscheslaw Molotow (☉ in ♓), August Strindberg (☉ in ♒)

Aszendent Wassermann: Elisabeth Kübler-Ross (☉ in ♋), Jean Gebser (☉ in ♌), Saddam Hussein (☉ in ♉), Herbert von Karajan (☉ in ♈), Karl Marx (☉ in ♉), Mircea Eliade (☉ in ♓)

Aszendent Fische: Konrad Adenauer (☉ in ♑), Rainer Werner Fassbinder (☉ in ♊), Alfred Hitchcock (☉ in ♌), Max Frisch (☉ in ♉), Linus Pauling (☉ in ♓), Anni Besant (☉ in ♎), Gertrude Stein (☉ in ♒)

MC in Steinbock

Verantwortlichkeit

Für Menschen, deren MC in Steinbock steht, wird es im Laufe des Lebens immer wichtiger, geradlinig und konsequent zu werden, einen langen Atem zu beweisen und beharrlich auf langfristige Ziele zu setzen. Aber auch Wirklichkeitsnähe, Pflichtbewusstsein und Verantwortungsbreitschaft gehören zu den Themen dieser Himmelsmitte. Die Berufung dieser Menschen liegt somit überall dort, wo Integrität, Nüchternheit, Beharrlichkeit und Unbestechlichkeit ebenso verlangt werden wie die Bereitschaft, seine Arbeitskraft ganz und gar in den Dienst einer Sache, einer ehrenamtlichen Tätigkeit oder einer gesellschaftlich wichtigen Aufgabe zu stellen. *Saturn* als Zeichenherrscher zeigt durch seine Hausposition an, in welchem Bereich die Steinbock-Energie am ehesten ihren Ausdruck findet.

Die grösste Herausforderung bedeutet dieser MC für den **Widder-Aszendenten,** weil Geduld, Konsequenz und Durchhaltevermögen im Widerspruch zu seiner aufbrausenden Impulsivität stehen. Langfristige Chancen nicht für kurzfristige Vorteile zu verspielen muss hier erst mühsam gelernt werden.

Das alles ist für den **Stier-Aszendenten** kein Problem. Ihm fällt es leicht, sich mit langfristigen Zielen anzufreunden. Nur seine Bequemlichkeit könnte ihm bei der Übernahme von Verantwortung öfters im Wege stehen.

Ähnliche Schwierigkeiten hat der – bei diesem MC seltene – neugierige und sehr bewegliche **Zwillinge-Aszendent,** der sich nur widerstrebend langfristig festlegen lässt und konkrete Zielsetzungen als einengend empfindet.

Persönlichkeiten mit Steinbock-MC

Aszendent Widder: Simon Bolivar (☉ in ♌), Johannes Brahms (☉ in ♉), John Rockefeller (☉ in ♋), Willi Brandt (☉ in ♐), Friedrich Flick (☉ in ♋), Michail Gorbatschow (☉ in ♓)

Aszendent Stier: Max Beckmann (☉ in ♒), Fritjof Capra (☉ in ♒), Gabriel Garcia Marquez (☉ in ♓), Anthony Quinn (☉ in ♉),

Aszendent Zwillinge: Greta Garbo (☉ in ♍), Matthias Claudius (☉ in ♌), Donovan (☉ in ♉)

MC in Wassermann

Selbständigkeit

Für einen Menschen mit Wassermann-MC wird es im Laufe des Lebens immer wichtiger, sich für Neuerungen und Reformen zu öffnen sowie für demokratische und humanitäre Prinzipien einzutreten. Liberaler Geist und Gemeinschaftssinn, Toleranz, Aufgeklärtheit, individuelle Freiheit und persönliche Unabhängigkeit sind weitere Ziele dieser Himmelsmitte. Wo immer es um den Abbau von Schranken zwischen Rassen, Klassen und Geschlechtern geht, wo Erfindergeist und immer wieder neue, ungewöhnliche Ideen verlangt werden, wo der Zeitgeist verkrustete Strukturen reformieren will und wo mit der Hoffnung auf eine bessere Welt an der Verwirklichung von Utopia gearbeitet wird, finden diese Menschen ihre Berufung. *Uranus* als Zeichenherrscher zeigt durch seine Hausposition an, in welchem Bereich die Wassermann-Energie am ehesten ihren Ausdruck findet.

Die grösste Herausforderung bedeuten diese Aufgaben für den traditionsbewussten **Stier-Aszendenten,** dem Neuerungen grundsätzlich suspekt sind. Überwindet er diesen Widerstand, kann er Altes und Neues zu einer originellen Synthese verbinden.

Am einfachsten fallen diese Ziele dem **Zwillinge-Aszendenten,** der gerne neue Wege beschreitet und seine Entdeckungen wortgewandt weitergibt.

Als nicht einfach empfindet hingegen der **Krebs-Aszendent** diese Ziele, da er sich lieber in vertrauter Geborgenheit bewegt als in kühler Unabhängigkeit und ihm die eigene Sippe stets näher ist als das Weltbürgertum. Gelingt ihm diese Verbindung, kann er aus seiner Seelentiefe Bilder kreieren, die zu Visionen einer besseren Welt werden können.

Persönlichkeiten mit Wassermann-MC

Aszendent Stier: Andy Warhol (☉ in ♏), George Washington (☉ in ♓)

Aszendent Zwillinge: Jules Verne (☉ in ♒), Johannes Kepler (☉ in ♑), Jean-Jacques Rousseau (☉ in ♋), Werner Heisenberg (☉ in ♐), Aldous Huxley (☉ in ♌)

Aszendent Krebs: Fjodor Dostojewski (☉ in ♏), Arthur Schopenhauer (☉ in ♓), Leo Tolstoi (☉ in ♍)

MC in Fische

Künstlertum

Für Menschen mit Fische-MC wird es im Laufe des Lebens immer wichtiger, sich transzendenten Erfahrungen zu öffnen und spirituelle Wege zu suchen, die oft nur in der Zurückgezogenheit, jenseits alltäglicher Aktivitäten zu finden sind. Dabei können sie die Erfahrung machen, dass das Vertrauen in eine höhere Führung ihnen oftmals stimmigere Ergebnisse bringt als akribische Planung und nüchternes Sicherheitsdenken. Für den beruflichen Weg kann diese Himmelsmitte bedeuten, dass diese Menschen lange orientierungslos sind, bis sie eines Tages plötzlich auf wundersame Weise von ihrer Bestimmung «gefunden» werden. Ihre Berufung finden sie dann oft in der Welt der Medien und in allen Bereichen, wo visionäre Bilder entstehen oder wo es um Kräfte geht, die vielleicht nicht immer messbar und sichtbar, aber trotzdem wirksam sind. *Neptun* als Zeichenherrscher zeigt durch seine Hausposition an, in welchem Bereich die Fische-Energie am ehesten ihren Ausdruck findet.

Widersteht der **Zwillinge-Aszendent** der Versuchung, intuitiv erfasstes Wissen immer wieder intellektuell zu zerreissen, und gelingt ihm die oftmals schwierige Überbrückung der Spannung zwischen Verstand und Medialität, dann kann er transzendente Erfahrungen auf verständliche Art und Weise weitergeben.

Am einfachsten fallen diese Ziele dem **Krebs-Aszendenten,** da ihm Fürsorglichkeit und Seelentiefe geradezu angeboren sind und auch er sich gerne von seinem Gefühl leiten lässt.

Die grösste Herausforderung bedeutet dieser MC für den in dieser Kombination äusserst seltenen **Löwe-Aszendenten,** da Demut und Selbstlosigkeit für ihn schwierig zu erlernende Tugenden sind. Dafür kann er sich aus angeborenem Grossmut heraus hilfsbereit zeigen.

Persönlichkeiten mit Fische-MC

Aszendent Zwillinge: Luis Buñuel (☉ in ♓), Fidel Castro (☉ in ♌), Osho (☉ in ♐), Salman Rushdie (☉ in ♊), Hillary Clinton (☉ in ♏)

Aszendent Krebs: Oskar Adler (☉ in ♊), Helena Blavatsky (☉ in ♌), Albert Einstein (☉ in ♓), Carl Orff (☉ in ♋), Franz Schubert (☉ in ♒), William Shakespeare (☉ in ♉), Marie Curie (☉ in ♏), Steven Spielberg (☉ in ♐)

Planetenaspekte zum MC

Planeten, die einen Aspekt mit dem MC bilden, zeigen vor allem fördernde oder hemmende Einflüsse für Beruf und Berufung, während aus dem MC-Zeichen und allfällig vorhandenen Planeten im zehnten Haus eher die Inhalte und konkreten Bereiche abzulesen sind.

Aspekt-Positionen zum MC (hier auf 20° Schütze)

☉ Ein harmonischer Aspekt der Sonne bringt die Entfaltung der Wesensnatur mit der Berufung in Einklang, wodurch berufliches Streben und Erfolg erheblich Unterstützung erhalten. Ein Spannungsaspekt dagegen wird lange Zeit als schwere Bürde erlebt, weil Berufung und Wesensnatur zunächst unvereinbar scheinen. Der Mensch wird sich so lange an diesem Widerspruch reiben, bis es ihm gelingt, durch Bewusstseinsarbeit die Spannung aufzulösen, indem er die Gegensätze auf einer höheren Ebene vereint.

☾ Bildet der Mond einen freundlichen Aspekt zur Himmelsmitte, dann werden die Lebensziele als sympathisch erlebt und finden sowohl emotionale als auch instinktive Unterstützung. Darüber hinaus versteht es der Mensch, die Themen, zu denen er sich berufen fühlt, mit allgemeinen, gesellschaftlichen Strömungen so zu verbinden, dass ein starker Aspekt, etwa eine enge Konjunktion, auch Popularität bedeuten kann. Spannungsaspekte dagegen lassen die Ziele immer wieder durch Launenhaftigkeit ins Wanken geraten, wenn sie nicht ohnehin nur reine Wunschträume sind.

☿ Harmonische Aspekte von Merkur zum MC bedeuten pfiffige Ideen, clevere Schachzüge und eine grosse Anpassungsfähigkeit bei der Umsetzung beruflicher Ziele sowie die Fähigkeit, sich sehr schnell in entsprechende Themen- und Aufgabenbereiche hineindenken zu können. Schwierige Aspekte können sich dadurch unangenehm bemerkbar machen, dass der Betreffende zwar über die genannten Vorzüge verfügt, sich auf seinem Berufsweg aber unehrlich und durchtrieben verhält und andere eiskalt berechnend übervorteilt.

♀ Harmonische Venus-Aspekte versprechen Glück beim Erreichen der Lebensziele, was sich daraus erklärt, dass der Betreffende dabei Charme und Liebenswürdigkeit einsetzt und dadurch in der Öffentlichkeit beliebt ist. Der Aspekt bedeutet aber auch, dass man friedlich und kooperativ seiner Berufung folgt und dadurch gesellschaftliche Anerkennung findet. Bildet die Venus einen Spannungsaspekt zum MC, liegt darin zum einen die Gefahr, dass man in einen Interessenskonflikt zwischen Beziehung und Beruf gerät, zum andern aber die Versuchung, dass man Charme und Verführungskraft in zweifelhafter Weise zum Erreichen seiner Ziele einsetzt.

♂ Bildet Mars einen freundlichen Aspekt zum MC, macht es Spass, mutig für seine Ziele einzutreten und, wenn nötig, auch dafür zu kämpfen. Eine gesunde Konfliktbereitschaft ist für diese Konstellation ebenso bezeichnend wie eine angemessene Risikofreude und der starke Wille, im entscheidenden Augenblick alles zu geben. Schwierige Aspekte können dagegen unsinnige Kraftakte, aber auch unangenehme Rivalitäten und Autoritätskonflikte anzeigen sowie die Neigung, sich auf seinem Berufsweg rücksichtslos mit den Ellenbogen durchzusetzen.

♃ Günstige Aspekte von Jupiter gleichen einem Versprechen, dass man auf dem Weg zur Berufung immer wieder Wohlwollen und Unterstützung findet und nicht zuletzt durch das eigene Vertrauen in die gesetzten Ziele erfolgreich ist. Ferner zeigt diese Verbindung an, dass es leichtfällt, Sinn und Bedeutung der durch den MC angezeigten Zielsetzung zu verstehen. Bildet Jupiter dagegen Spannungsaspekte, ist dieses Sinnverständnis erschwert. Ausserdem wird manche Übertreibung oder auch Selbstüberschätzung den Menschen bei der Verfolgung seiner Ziele immer wieder in Atemnot bringen. Blasiertheit, jedes Fehlen von Selbstkritik und Standesdünkel auf dem Berufsweg können bei Vorgesetzten oder öffentlichen Auftritten unangenehme Eindrücke hinterlassen.

♄ Stellt sich Saturn harmonisch zur Himmelsmitte, verbinden sich Verantwortungsbewusstsein, Pflichtgefühl und Beharrlichkeit in günstiger Weise mit den Lebenszielen. Damit wird ein Weg beschritten, der im Vergleich mit anderen Planetenaspekten langsamer erscheint, dafür aber sicherlich integer, seriös und ausgereift ist. Ein Spannungsaspekt zwischen Saturn und MC kommt dagegen einer Blockade gleich, einer Hemmung oder Unbeweglichkeit, die immer wieder zu Frustrationen auf dem Berufsweg führt. Oft verbirgt sich hinter diesen Erfahrungen eine tiefsitzende Angst, den Anforderungen nicht gewachsen zu sein und am Lebensziel zu scheitern. Gelingt es, diese Angstschwelle durch schrittweise Erfolge und Nachsicht mit sich selbst allmählich zu überwinden, lösen sich damit auch die Blockaden auf.

⛢ Günstige Aspekte zwischen Uranus und MC stehen für eine individuelle und von manchem Geistesblitz geförderte Verwirklichung der Lebensziele. Dazu gehören auch überraschende Karrieresprünge und die Chance zu Quereinstiegen. Zugleich verbindet diese Konstellation Freiheit und Unabhängigkeit so sehr mit der Berufung, dass diese Menschen gerne freiberuflich tätig sind, oft temporär arbeiten oder einen Beruf auswählen, den es bisher gar nicht gab oder der eigens für sie kreiert wurde. Wirft Uranus dagegen schwierige Aspekte auf die Himmelsmitte, können exzentrische «Anfälle» und blindes Unabhängigkeitsstreben durchaus zum Verrat an den eigenen Zielen sowie zu Verantwortungslosigkeit und einem Unvermögen zur beruflichen Kontinuität und gesellschaftlichen Eingliederung führen.

♆ Verbindet sich Neptun harmonisch mit dem MC, kann der Mensch darauf vertrauen, dass die Intuition oder ein «Schutzengel» ihn zu seiner eigentlichen Berufung führt. Zudem wird er seine visionäre Gabe als Antenne für zukünftige Trends und Strömungen einsetzen können. Typischerweise verbindet sich mit diesem Aspekt die Erfahrung, vom Beruf gefunden zu werden. Darin aber liegt die Schwierigkeit bei Spannungsaspekten, weil sie manche Fata Morgana und manche Scheinlösung mit sich bringen, zu deren Opfer der Betroffene werden kann. Unklarheit über berufliche Ziele, wirklichkeitsfremde Projekte, Weltflucht und Intrigen auf dem Weg zur Berufung gehören so lange Zeit zu den problematischen Ausdrucksformen dieses Aspektes.

♇ Eine Verbindung des Planeten Pluto mit der Himmelsmitte bedeutet in jedem Fall, dass Machtthemen den Berufsweg begleiten. Dieser Planet sorgt so oder so für tiefgreifende Wandlungen in der beruflichen Entfaltung. Harmonische Aspekte zeigen, dass der Mensch beachtliche innere Kräfte für das Erreichen seiner Ziele einsetzen kann, während Spannungsaspekte mehr für den Machtkampf auf dem Weg nach oben stehen. Letztlich entscheidet hier aber weniger die Art der Aspekte darüber, ob sie als bereichernd erlebt werden oder sich als unheilvolle Verstrickungen zeigen, denen sich der Mensch ohnmächtig ausgeliefert sieht. Viel mehr hängt hier vom Bewusstsein, der Reife und Besonnenheit ab, die jemand im Umgang mit plutonischen Kräften entwickelt hat.

⚷ Auch Chirons Aspekte zur Himmelsmitte lassen sich weniger nach leicht und schwierig gliedern, sondern viel mehr danach, ob sie unbewusst erlitten oder bewusst gestaltet werden. Grundsätzlich bedeuten sie, dass auf dem beruflichen Weg nach oben immer wieder Verletzungen oder Behinderungen erlebt werden, die das Selbstbewusstsein und den Glauben in die eigene Kompetenz beeinträchtigen. Auf Grund dieser Erfahrungen wird man übervorsichtig. Weil aber gleichzeitig eine Sensibilisierung gegenüber gesellschaftlichen Anforderungen besteht, fällt es viel leichter, andere auf ihrem beruflichen Weg zu unterstützen, als eigene Ziele zu verwirklichen. Hier muss ein Mittelweg gefunden werden, welcher der eigenen Verletzlichkeit Rechnung trägt, ohne dass man sich durch übertriebene Empfindlichkeit gegenüber öffentlicher Kritik von den eigenen Zielen abbringen lässt.

☾ Aspekte von Lilith zur Himmelsmitte stehen für ein ambivalentes Verhalten auf dem Weg zu Beruf und Karriere. Einerseits möchte man hier keiner fremden Autorität unterstellt sein, sondern selbst erfolgreich in der Öffentlichkeit stehen, andererseits ist man nicht bereit, sich für die Verwirklichung seiner Ziele den gesellschaftlichen Regeln und Normen zu unterwerfen. Häufig ist der Weg nach oben von Verzicht, plötzlichen Rückschlägen und heftigen Autoritätskonflikten gekennzeichnet. Diese Verbindung kann aber auch anzeigen, dass die berufliche Verwirklichung nur über eine radikale Haltung zu erreichen ist, der aber auch schöpferisches Potential und die Kraft innewohnt, in der Öffentlichkeit Grosses zu bewirken.

Der aufsteigende Mondknoten als Lebensaufgabe

Mondknoten nennt man die Schnittpunkte, an denen der Mond den scheinbaren Weg der Sonne um die Erde kreuzt. Die Mondknoten stellen damit die Verbindung zwischen diesen drei Himmelskörpern dar und schaffen so auch einen Bezug zwischen ihren symbolischen Entsprechungen, nämlich Vergangenheit (Mond), Gegenwart (Erde) und Zukunft (Sonne). In der karmischen Astrologie werden die Mondknoten mit der Idee der Reinkarnation in Verbindung gebracht. Dabei steht der absteigende Mondknoten (☋), auch Drachenschwanz genannt, für Erfahrungen, Talente und Probleme, die wir aus einer vergangenen Inkarnation mitbringen und allenfalls noch aufarbeiten müssen. Der aufsteigende Mondknoten (☊), auch Drachenkopf genannt, zeigt uns hingegen an, wo wir in diesem Leben grösstes Wachstum und Entwicklung erfahren können. Aber auch wenn man sich mit dem Reinkarnationsgedanken nicht anfreunden mag, haben die Mondknoten als frühe Prägung oder Ausgangslage (☋) und Entwicklungsaufgabe im Horoskop (☊) eine wichtige Bedeutung. Da sich absteigender und aufsteigender Mondknoten im Horoskop immer gegenüberliegen, geht es grund-

Der Drache (Mondknoten) umfasst Sonne- und Mondbahn

sätzlich um die Synthese zwischen diesen zwei entgegengesetzten Qualitäten. Wenn wir uns dem aufsteigenden Mondknoten zuwenden, werden uns nach und nach auch die anfangs belastenden Themen am absteigenden Mondknoten wieder als Fähigkeiten unterstützend zur Verfügung stehen.

Auch in bezug auf die berufliche Verwirklichung kann uns die Mondknotenachse, und speziell der aufsteigende Mondknoten, zusätzlich wichtige Hinweise geben, in welchem Bereich oder durch welche Fähigkeiten wir unsere Berufung und unsere Aufgaben in diesem Leben finden können. Dabei weist vor allem die Hausposition des aufsteigenden Mondknotens auf die individuelle Lernaufgabe hin und speziell auf den Lebensbereich, in dem noch zu entwickelndes Potential enthalten ist, wohingegen die Zeichenstellung beschreibt, auf welche Art und Weise dieses Ziel zu erreichen ist.

Der Mondknoten in den Häusern

Mondknoten im ersten Haus

Der Welt mutig begegnen

Zwang (☋): *Überanpassung* — Ziel (☊): *Eigenständigkeit*

Der Mondknoten im ersten Haus steht für die Aufgabe, sich von der Meinung und Anerkennung anderer unabhängiger zu machen, mutig eigene Wege zu beschreiten und selbständig Entscheidungen zu treffen, um sich dadurch stärker als eigenständige Person zu profilieren. Beachtung und Wertschätzung können und sollen hier nicht aus der Anpassung an die Umwelt erlangt werden, sondern ergeben sich erst durch eine gesunde Unterscheidung und Abgrenzung gegenüber andern und durch das klare Vertreten eigener Standpunkte.

Mondknoten im zweiten Haus

Auf die eigenen Ressourcen vertrauen

Zwang (☋): *Machtstreben* — Ziel (☊): *Talentsuche*

Der Mondknoten im zweiten Haus steht für die Aufgabe, für Macht und Einfluss weder sich selbst noch seine Werte zu verraten, sondern sich statt dessen auf die eigenen Talente und Ressourcen zu besinnen, um dadurch den Selbstwert zu stärken und finanzielle Unabhängigkeit zu entwickeln. Sicherheit und Vertrauen können hier nicht durch fremde Mittel oder äussere Macht erlangt werden, sondern erwachsen aus der Wertschätzung und Treue gegenüber sich selbst.

Mondknoten im dritten Haus

Die Vielfalt erkennen

Zwang (☋): *Vorurteile* — Ziel (☊): *Kontaktfreude*

Der Mondknoten im dritten Haus steht für die Aufgabe, Vorurteile und überholte Meinungen kritisch zu hinterfragen und durch vielfältige Lektüre, waches Interesse, angeregte Gespräche und gesunde Neugierde Wissen und Informationen zu sammeln, um sich dadurch eine objektive Meinung zu bilden. Die Suche nach Wahrheit und Sinn darf sich nicht auf einen einzigen Weg beschränken, sondern erschliesst sich hier über ständiges Lernen und in der Auseinandersetzung mit anderen Meinungen sowie in der Offenheit gegenüber der Vielfalt aller Möglichkeiten.

Mondknoten im vierten Haus

Die Herkunft ergründen

Zwang (☋): *Leistung* — Ziel (☊): *Wurzelpflege*

Der Mondknoten im vierten Haus steht für die Aufgabe, sich nicht in beruflichen Ehrgeiz zu flüchten oder um gesellschaftliche Anerkennung zu kämpfen, sondern sich um seine Wurzeln zu kümmern, die eigenen emotionalen Bedürfnisse wahrzunehmen, das Zuhause zu pflegen und sich der Familie zu widmen. Wahre Erfüllung wird hier nicht in äusseren Ehren und Ämtern gefunden, sondern erschliesst sich durch die Auseinandersetzung mit der eigenen Herkunft und in der Hinwendung zum eigenen Seelenleben.

Mondknoten im fünften Haus

Ins Rampenlicht treten

Zwang (☋): *Abstraktion* — Ziel (☊): *Kreativität*

Der Mondknoten im fünften Haus steht für die Aufgabe, sich mit Idealen und Überzeugungen nicht nur im Kreise Gleichgesinnter zu bewegen oder rein theoretisch auseinanderzusetzen, sondern beherzt Farbe zu bekennen, um mit der Kraft der ganzen Persönlichkeit guten Ideen zum Durchbruch zu verhelfen. Selbstverwirklichung heisst hier, sich hervorzutun, aus dem vertrauten Kreis herauszutreten, sich vorbildlich in die Mitte oder ins Rampenlicht zu stellen, um so auch andere zu diesem Schritt zu ermutigen.

Mondknoten im sechsten Haus

Seinen Platz einnehmen

Zwang (☋): *Weltflucht* Ziel (☊): *Eingliederung*

Der Mondknoten im sechsten Haus beinhaltet die Aufgabe, sich nicht in Scheinwelten zu flüchten, um so den Anforderungen des Alltags auszuweichen, sondern seinen Platz in dieser Welt einzunehmen und sich nützlich zu machen. Dazu ist es notwendig, sich den Erfordernissen anzupassen, sich in Abläufe einzugliedern und zuverlässig das zu erledigen, was zu tun ist, auch wenn es völlig unspektakulär oder profan erscheint. Wahre Hingabe und Spiritualität beweisen sich hier nicht in stiller Abgeschiedenheit, sondern vor allem in der praktischen Anwendbarkeit sowie in der alltäglichen Umsetzung.

Mondknoten im siebten Haus

In Beziehung treten

Zwang (☋): *Alleingang* Ziel (☊): *Zusammenarbeit*

Der Mondknoten im siebten Haus steht für die Aufgabe, sich nicht um jeden Preis durchzusetzen, sondern Kompromissfähigkeit zu entwickeln, Rücksicht zu üben, Nähe zuzulassen und im freundschaftlichen Austausch mit andern den Wert von Beziehungen und Zusammenarbeit schätzenzulernen. Die Reife der Persönlichkeit erweist sich hier nicht im verbissenen Alleingang oder durch demonstrative Unabhängigkeit, sondern zeigt sich in der Bereitschaft, Rücksicht zu üben und Wohlwollen zu zeigen, im klaren Wissen um die eigene Stärke.

Mondknoten im achten Haus

Wachstum durch Krisen

Zwang (☋): *Sicherheitsstreben* Ziel (☊): *Risikobereitschaft*

Der Mondknoten im achten Haus steht für die Aufgabe, nicht nur auf Nummer Sicher zu gehen, sondern Altes und Überholtes loszulassen, Veränderungen zu akzeptieren, um gerade in Krisenzeiten tiefe Wandlung und Erneuerung zu erfahren. Sicherheit entsteht hier nicht durch materielle Absicherung oder sinnloses Anhäufen von Besitz, sondern durch das Vertrauen in die eigene Regenerationskraft und im Wissen um die erneuernden Zyklen des Lebens.

Mondknoten im neunten Haus

Die eigene Wahrheit finden

Zwang (☋): *Zersplitterung* Ziel (☊): *Sinnsuche*

Der Mondknoten im neunten Haus steht für die Aufgabe, nicht im gewohnten Rahmen des Bekannten und in eingespielten Alltagsritualen steckenzubleiben, sondern sowohl geistig wie räumlich Neuland zu betreten, um so neue Erfahrungen jenseits vertrauter Verhaltensmuster zu machen. Weisheit und Wahrheit lassen sich hier nicht durch Anhäufen von Wissen, Sammeln von Informationen oder allein in klugen Büchern finden, sondern erschliessen sich erst nach langer, ernsthafter Suche und nicht zuletzt durch höhere Führung.

Mondknoten im zehnten Haus

Verantwortung übernehmen

Zwang (☋): *Abhängigkeiten* Ziel (☊): *Reife*

Der Mondknoten im zehnten Haus steht für die Aufgabe, sich aus familiären und anderen emotionalen Abhängigkeiten zu lösen, eigene Ziele zu definieren und diese mit Struktur und Disziplin zu verwirklichen. Hier geht es darum, auch öffentlich Verantwortung zu übernehmen und sich dadurch seinen Platz in der Gesellschaft zu sichern. Anerkennung und Erfolg lassen sich hier weder im geschützten Zuhause noch über halbherzige oder verschlungene Umwege erreichen, vielmehr können sie durch eigenständige, reife Leistungen oder im harten Berufsalltag Schritt für Schritt verdient werden.

Mondknoten im elften Haus

Globales Bewusstsein entwickeln

Zwang (☋): *Selbstdarstellung* Ziel (☊): *Gemeinschaftssinn*

Der Mondknoten im elften Haus steht für die Aufgabe, seinen Drang nach Beachtung und Erfolg zurückzunehmen und statt dessen Gemeinschaftsgeist zu entwickeln, um seine Kräfte und Fähigkeiten in den Dienst einer Idee oder einer Gruppe zu stellen. Aus diesem übergeordneten Blickwinkel lassen sich soziale Ungerechtigkeiten erkennen und überholte Strukturen reformieren. Lebensfreude kann hier nicht durch reine Selbstdarstellung oder Vergnügungsdrang erreicht werden, sondern ergibt sich vielmehr aus einer toleranten Geisteshaltung sowie dem persönlichen Engagement für gemeinschaftliche Ziele.

Mondknoten im zwölften Haus

Rückzug in die Stille

Zwang (☋): *Geschäftigkeit* Ziel (☊): *Hingabe*

Der Mondknoten im zwölften Haus steht für die Aufgabe, sich nicht allein auf erwiesene Tatsachen zu verlassen, sondern sich auch mit unerklärlichen Phänomenen und der Welt des Irrationalen auseinanderzusetzen und seine Aufmerksamkeit auf Gebiete jenseits der mess- und zählbaren Welt zu richten. Wahre Erkenntnis kann hier nicht in nüchternen Fakten und in alltäglicher Hektik gefunden werden, sondern offenbart sich über künstlerische Inspiration, in spiritueller Suche und nicht zuletzt in der vertrauensvollen Hingabe an das schöpferische Chaos.

Benutzte und empfehlenswerte Literatur

ADLER, Oskar: *Das Testament der Astrologie* (4 Bde.), Hugendubel, München 1991–93.

BANZHAF, Hajo, HAEBLER, Anna: *Schlüsselworte zur Astrologie,* Hugendubel, München 1994.

CUNNINGHAM, Donna: *Handbuch der astrologischen Beratung,* Edition Astrodata, Wettswil 1996.

EICHENBERGER, Brigitte: *Astrologie-Fibel. Ein Wegweiser für Laien,* Edition Astrodata, Wettswil 1995.

EICHENBERGER, Brigitte: *Prognose-Fibel. Die astrologischen Methoden der Vorausschau,* Edition Astrodata, Wettswil 1998.

THELER, Brigitte: *Astrologische Partnerschafts-Fibel,* Edition Astrodata, Wettswil 1999.

THELER, Brigitte: «Die Kombination von Medium coeli und Aszendent», in: *Astrologie Heute Magazin,* Nr. 73 & Nr. 74, Zürich 1998.

WICKENBURG, Joanne: *Beruf im Horoskop. Astrologische Faktoren beruflicher Eignung,* Edition Astrodata, Wettswil 1997.

WIERING, Jürgen: *Astrologie und Beruf. Berufs- und Unternehmensberatung mit Hilfe der Astrologie,* Edition Astrodata, Wettswil 1994.

Die Fibel-Reihe der Edition Astrodata

Erhältlich in jeder Buchhandlung

Brigitte Eichenberger

Astrologie-Fibel

Ein Wegweiser für Laien

Dieses Einführungsbuch beschreibt alle grundlegenden astrologischen Anschauungen und Methoden auf einfache Art. Wichtige Fragen zur modernen Astrologie werden beantwortet, wie etwa: Was vermag ein Computerhoroskop?, Kann ich ein Horoskop selber interpretieren?, Was vermag die Astrologie – und was vermag sie nicht? Eine kurze Darstellung der verschiedenen astrologischen Richtungen, zahlreiche farbige Bilder und Illustrationen sowie ein «Briefkasten» mit Antworten auf häufig gestellte Fragen vervollständigen dieses Buch.

14x21 cm, brosch., 96 Seiten, 36 farbige und 2 s/w Abb., sFr. 18.– / DM 19.50 / öS 142.–, ISBN 3-907029-44-5

Brigitte Eichenberger

Prognose-Fibel

Die astrologischen Methoden der Vorausschau

In diesem Buch gibt die Autorin einen kurzen, gut verständlichen Überblick über die verschiedenen Möglichkeiten der qualitativen Vorausschau, wie sie die Astrologie bietet. Das Buch scheut sich nicht vor Fragen nach dem Sinn astrologischer Vorhersagen und zeigt Möglichkeiten, Anwendungsbereiche und Grenzen auf. Alle bekannten Prognosetechniken werden kurz und bündig beschrieben, die vier wichtigsten darüber hinaus in der praktischen Anwendung dargestellt: Transite, Solarhoroskope, Sekundärprogressionen und Alterspunkt.

14x21 cm, brosch., 104 Seiten, durchgehend farbig, 22 Abb., sFr. 18.– / DM 19.50 / öS 142.–, ISBN 3-907029-60-7

Brigitte Theler

Astrologische Partnerschafts-Fibel

Wer passt zu wem? Welcher Element-Typus zieht mich an? Wie lassen sich aus dem Horoskop Beziehungswünsche und -möglichkeiten ablesen? Diese und viele andere Fragen zum Thema beantwortet dieses Buch; seine systematische Gliederung erleichtert die Verständlichkeit für den Leser. Die Partnerschafts-Astrologie kann dazu verhelfen, sich über die Erwartungen an seinen Partner bewusster zu werden, gleichzeitig aber auch mehr Verständnis für die Wünsche und Bedürfnisse seines Gegenübers zu haben und so besser miteinander auszukommen.

14x21 cm, brosch., 112 Seiten, durchgehend farbig, 38 Abb., sFr. 18.– / DM 19.50 / öS 142.–, ISBN 3-907029-62-3